왜 진시황은 만리장성을 쌓았을까?

교과서 속 역사 이야기, 법정에 서다

10
역사공화국
세계사법정

진시황 vs 사마천

왜 진시황은 만리장성을 쌓았을까?

글 신동준 · 그림 황기홍

㈜자음과모음

진시황은 중국 역사상 최초로 신분 세습의 봉건제를 무너뜨리고, 유능한 관원이 황제의 팔다리가 되어 천하를 다스리는 제왕정(帝王政)을 채택했습니다. 봉건제는 제후를 두어 간접적으로 다스리는 방식이고, 제왕정은 중앙 관원을 지방에 파견해 직접 다스리는 중앙 집권적인 통치 체제입니다. 더 큰 차이는, 봉건제와 달리 제왕정에서는 제왕을 제외한 그 누구도 신분 세습을 인정하지 않는 점입니다.

서양이 18세기 이후에 가까스로 봉건제를 무너뜨리고 공화정을 수립하면서 신분 세습이 타파된 것에 비하면, 진시황의 신분 세습 타파는 무려 2000여 년이나 앞선 것이지요. 진시황이 최초로 이룬 중국 통일의 가장 큰 의미도 제왕정의 수립에서 찾을 수 있습니다.

진시황은 중국을 통일한 후 전국을 36개 군으로 나누고 관원을 파견해 나라를 획일적으로 다스렸습니다. 동서고금을 통틀어 제왕의 명령 아래 다스려지는 '제국'은 이때 처음 등장했지요.

진시황은 넓은 영토와 수많은 백성을 다스리기 위해서는 법치에 의한 강력한 중앙 집권 체제가 필요하다는 사실을 알고 있었습니다. 따라서 그의 천하 통일은 한비자와 이사 등이 주장한 법가 사상을 바탕으로 했습니다.

한비자는 '하늘은 가장 덕성이 높은 자에게 천하를 맡긴다'는 유가의 '천명론(天命論)'을 공허한 얘기로 치부하면서, 오직 힘으로 통일을 실현할 수 있다는 현실론을 폈습니다. 진시황이 그의 주장을 채택해 천하 통일에 성공한 것은 말할 것도 없지요.

그럼에도 후세의 역사가들은 왕정의 역사적 의미를 생각하기는 커녕 오히려 진나라의 등장 자체를 무시하는 모습을 보였습니다. 빌미를 제공한 사람은 바로 『사기(史記)』를 저술한 사마천인데요, 그는 『사기』의 「진시황 본기」에서 진시황을 '폭군'으로 규정했습니다. 덕으로 다스리는 왕도를 저버리고 힘으로 다스렸다는 게 그 이유였지요. 이후 진시황은 2000여 년 동안 '폭군의 대명사'로 매도되었습니다.

그런데 진시황이 역사공화국 세계사법정에 자신을 폭군으로 규정한 사마천을 상대로 '폭군 왜곡 확인의 소'를 제기하였습니다. 자신이 당시의 시대 상황에 맞는 현명한 군주였음을 확인하겠다는 것이지요. 이 소송에서 원고 측 증인으로는 이사와 조고가, 피고 측 증인으로는 여불위와 연나라 태자 단이 나와 생생한 증언을 들려줍니다.

혼란한 춘추 전국 시대를 끝내고 최초로 중국을 통일해 황제가 된 진시황. 그의 업적에 대해 치열한 공방이 벌어질 세계사법정에서 여러분도 나름대로 판단을 내려 보시기 바랍니다.

신동준

차례

중국을 처음으로 통일한 것은 기원전 221년 진나라였다. 중국을 뜻하는 China라는 말은 진(Chin)에서 비롯된 것이다.

중학교 역사

VII. 통일 제국의 형성과 세계 종교의 등장
 4. 중국의 통일 제국 진과 한
  (2) 진이 처음으로 중국을 통일하다

시황제는 봉건제를 폐지하고 군현제를 전국적으로 실시하였다. 또한 수도에 큰 궁궐을 짓고 만리장성을 쌓아 이민족의 침략을 막고자 하였다.

춘추 전국 시대를 끝내고 중국을 통일한 진나라 왕은 셴양에 도읍을 정하고 스스로 시황제라 칭하였다. 시황제는 중앙 집권 체제를 만들고 법가 사상 외의 제자백가의 사상을 엄격히 통제하였다.

고등학교 | 세계사

Ⅱ. 문명의 새벽과 고대 문명
3. 고대 아시아 세계
(2) 진·한 시대의 중국

중국의 시황제는 사상을 탄압하고 유학자들을 많이 죽여 '폭군'이라는 이름을 얻게 된다. 하지만 이후의 중국 역대 황제들은 이러한 시황제의 정책을 이어받은 면이 많다.

기원전

3000년경　　세계 4대 문명 발생

1600년경　　중국, 은나라 번영

1100년경　　주나라 건국

700년경　　춘추 전국 시대 시작

563년　　석가모니 탄생

552년　　공자 탄생

496년　　월 왕 구천, 오 왕 합려 격파

494년　　오 왕 부차, 월 왕 구천 격파

221년　　진시황, 중국 통일

만리장성 축조

210년　　진시황 사망

206년　　진나라 멸망

202년　　한나라 건국

145년　　사마천 탄생

91년경　　사마천, 『사기』 완성

기원전

2333년 단군, 고조선 건국

1122년 은나라 기자, 조선에 들어옴
8조금법 제정

1000년경 청동기 문화 시작

800년경 고조선의 수도를 왕검성에 정함

450년 송화강 상류 일대에 부여 성립

300년경 철기 문화 시작
연나라, 고조선 침입

200년경 삼한 시대 시작

194년 위만 왕조 성립

109년 한 무제, 고조선 침략

108년 고조선 멸망
한나라, 4군 설치

원고 **진시황** (기원전 259년~기원전 210년)

나는 진나라의 시황제요. 성은 '영(嬴)'이고, 이름은 '정(政)'이지. 나는 패도와 법치를 숭상하여 강력한 부국강병책을 추진했소. 그 결과 10년 만에 천하 통일의 위업을 이뤄 냈다오.

원고 측 변호사 **구만리**

나는 역사공화국의 변호사 구만리입니다. 이승에서도 역사 시험을 보면 늘 1등을 놓치지 않았지요. 그때의 실력을 발휘해 이번 소송에서 진시황을 멋지게 변호하여 꼭 이기고야 말 겁니다.

원고 측 증인 **이사**

나는 초나라 사람으로 당시 이름난 학자인 순자에게
제왕의 통치술을 배웠습니다. 진나라의 승상이 되어
군현제를 실시하고 문자와 도량형을 통일해 통일 제
국을 확립했지요.

원고 측 증인 **조고**

나는 시황제의 중거부령으로 황제가 타던 수레인 어
가의 관리를 담당했지요. 요즘으로 치면 대통령의 차
를 관리하는 일이었다고나 할까요. 진시황이 천하를
순행하다 갑자기 세상을 떠난 뒤에는 이사와 상의해
진시황의 막내아들을 황제로 받들었습니다.

원고 측 증인 **명판결**

나는 역사공화국에서 공명정대하기로 유명한 판사
명판결이요. 내가 할 일은 오직 역사의 진실을 밝히
고, 억울함을 풀어 주는 것이지. 공정한 판결을 내리
기 위해 최선을 다하겠소.

피고 사마천 (기원전 145년?~기원전 86년?)

나는 중국 최고의 역사가로 칭송받는 사마천이오. 나는 어릴 적부터 열심히 책을 읽었고, 내 나이 스무 살에는 여러 지역을 여행하며 많은 사료를 수집했다오. 아버지의 뜻을 받들어 『사기』를 편찬했지요.

피고 측 변호사 한필기

사마천이 나를 찾아와 변호를 맡겼을 때, 나는 이미 승리를 예감했습니다. 역사 하면 사마천, 사마천 하면 역사가 아니겠습니까? 나, 한필기 변호사가 사마천의 명예와 역사의 진실을 반드시 지키겠습니다.

피고 측 증인 여불위

나는 상인 집안에서 태어나 젊었을 때 아버지와 여러 나라를 돌아다니며 큰돈을 벌었소. 조나라에 갔다가 우연히 볼모로 잡혀 있던 진시황의 아버지 이인을 만나 그가 왕위에 오르는 것을 도왔지요.

피고 측 증인 태자 단

나는 진시황이 재위하던 시절, 연나라를 다스리던 왕 희의 아들이오. 우리 연나라가 힘이 약했던 까닭에 어렸을 때 조나라에 인질로 가 있었어요. 그곳에서 나처럼 볼모로 잡혀 온 진시황의 아버지 이인을 만났지요. 우리는 동병상련의 입장에서 서로 사이좋게 지냈습니다.

"당신이 나를 중국 역사에 빠지게 한
그 진시황이라니!"

중국 역사에 관한 한 둘째가라면 서러울 정도로 빠삭한 구만리 변호사. 그가 처음 중국 역사에 대해 관심을 갖게 된 것은 어린 시절 아버지와 함께 떠났던 중국 여행에서였다. 중국의 여러 곳을 탐방하다 만리장성에 올랐을 때였다.

"우아, 도대체 길이가 얼마나 되는 거야? 이걸 사람이 만들었다는 게 믿기지 않아!"

구만리는 들뜬 마음에 만리장성을 빠르게 오르며 한껏 소리를 질렀다.

날다람쥐처럼 재빠른 구만리를 아버지가 숨을 헐떡거리며 뒤쫓아 갔다.

"마…… 만리야, 아이고 숨차다! 천천히 좀 가라, 요놈아!"

이제 그만 내려가자는 아버지의 손을 뿌리치고, 구만리는 만리장성을 걷고 또 걸었다. 그렇게 걷다 보니 어느덧 해가 저물었고, 걱정스런 마음에 아버지가 그의 팔을 붙잡아 끌었다.

"만리야, 이제 그만 가자."

"싫어요, 조금만 디 걸이가 볼래요."

"이러다 밤이 되면 어쩌려고……. 이 녀석, 얼른 따라와!"

아버지 손에 이끌려 만리장성을 내려오면서 구만리는 자꾸만 뒤를 돌아보았다. 미처 다 걷지 못한 성이 산을 따라 굽이굽이 물결치고 있었기 때문이다.

그 장엄한 광경을 보던 구만리가 별안간 생각에 잠겼다.

'이렇게 긴 산성을 도대체 누가 쌓았을까?'

이것이 바로 구만리 변호사가 중국 역사에 대해 품었던 최초의 궁금증이었다. 그때 구만리 변호사는 주먹을 불끈 쥐며 다짐했다.

'어디 두고 보자. 언젠가는 내가 끝까지 가 보고 말겠어!'

이리하여 구만리 변호사는 방대한 중국 역사를 차근차근 공부하기 시작했던 것이다. 하지만 중국 역사는 만리장성만큼이나 길어서, 공부를 해도 해도 여전히 만리장성의 언저리에 머무르는 듯했다.

"하, 정말 중국 역사는 보면 볼수록 모르겠군……."

책상에 앉아 역사서를 읽던 구만리 변호사는 책을 탁 덮으며 중얼거렸다.

그때 멀리서 말발굽 소리가 들려왔다. 소리가 점점 가까워지더니,

이제는 말발굽 소리와 말 울음소리에 귀가 다 멍멍해질 지경이었다.

"어디서 이렇게 요란한 소리가 나는 거지?"

구만리 변호사는 건물 계단을 바쁘게 내려갔다. 그런데 그가 막 1층에 다다랐을 때, 세상이 멈추기라도 한 듯 일순간 정적이 흘렀다.

"아니, 도대체 이게 무슨 일이지?"

"일동 차렷!"

갑자기 터져 나온 우렁찬 목소리에 화들짝 놀라, 구만리 변호사는 하마터면 계단에서 굴러떨어질 뻔했다.

"어휴, 큰일날 뻔했네. 이거 안 되겠구먼! 누군지 따끔하게 혼 좀 내 줘야겠어!"

구만리 변호사는 서둘러 건물을 나섰다.

건물 밖에는 갑옷을 입은 병사들이 새까맣게 도열해 있었고, 맨 앞에는 지휘관으로 보이는 남자가 한 명 서 있었다.

"이, 이게 뭔 일이래!"

구만리 변호사가 중얼거리는 순간, 그를 등지고 서 있던 지휘관이 홱 돌아섰다.

"저자다! 잡아라!"

지휘관이 절도 있게 한 손을 들어 구만리 변호사를 가리키며 외쳤다. 그러자 병사들이 순식간에 그를 둘러쌌다.

"어이쿠! 아얏, 아얏! 아, 아니, 왜 이러는 겁니까!"

병사들은 아무 말도 하지 않고 구만리 변호사의 손을 꽁꽁 묶은 후 말에 태웠다.

"도, 도대체 나를 어디로 데려가는 겁니까?"

구만리 변호사는 지휘관에게 외쳤다. 하지만 지휘관은 묵묵부답, 앞만 바라볼 뿐이었다. 사방에는 발맞추며 뒤따르는 병사들의 행군 소리만이 가득했다.

얼마쯤 갔을까? 구만리 변호사를 태운 말이 어느 대궐 앞에 멈춰 섰다. 병사들은 그를 널따란 방으로 데려가 무릎을 꿇고 앉게 했다.

"아니, 대체……."

구만리 변호사는 고개를 들고 천천히 주위를 살폈다. 그러다 단상

위의 화려한 의자에 앉아 그를 빤히 내려다보고 있는 한 남자를 발견했다.

"누, 누구세요?"

"허허, 많이 놀랐소? 내가 정중히 모셔 오라고 했건만……. 이거 미안하게 됐소."

"아, 됐고요, 그러니까 댁이 누구냐고요!"

구만리 변호사는 남자를 향해 버럭 소리를 질렀다. 그러나 남자는 눈썹 한번 꿈쩍하지 않고 여유 있게 웃으며 말했다.

"허허, 나는 중국 진나라의 시황제라 하오."

"뭐, 뭐라고요? 거짓말하지 말아요! 당신이 나를 중국 역사에 빠지게 한 그 진시황이라니, 내 참, 어처구니없어서! 진시황은 그렇게 '허허' 웃지 않을 거라고요!"

구만리 변호사는 자신을 진시황이라고 말하는 남자에게 삿대질을 하며 다가갔다. 그러자 순식간에 병사들이 튀어나와 그에게 창을 겨눴다.

"아이고, 자…… 잘못했어요!"

구만리 변호사는 깜짝 놀란 나머지 말까지 더듬거렸다.

"멈춰라!"

남자가 한 손을 들며 말하자, 병사들은 마치 일시 정지 버튼이라도 누른 듯 딱 멈춰 서는 것이었다.

"너희가 자꾸 그러니 내가 지금껏 폭군이라는 소리를 듣는 게 아니냐!"

'아, 저 카리스마! 이 사람…… 정말…… 진시황인가?'

병사들에게서 벗어난 구만리 변호사는 뒤로 슬금슬금 물러나며 생각했다.

"너희들은 이만 물러가거라!"

남자가 병사들을 향해 호령했다. 그 쩌렁쩌렁한 소리에 방 한가운데 어정쩡하게 서 있던 구만리 변호사는 저도 모르게 자리에 꿇어앉았다.

"지, 진짜 진시황 님……?"

"그렇다오. 내가 소송을 제기하려고 구만리 변호사를 여기에 모신 것이오. 내가 소송을 걸려고 하는 자는 나를 '폭군'으로 매도한 사마천이외다."

"사, 사마천 말인가요? 하, 하지만……."

"자, 먼저 소장을 써야겠지?"

진시황은 신하를 시켜 종이와 붓을 구만리 변호사에게 가져다주었다. 구만리 변호사는 여전히 무릎을 꿇고 앉아 있었다.

"불편하지 않소? 편히 앉으시오."

"하핫, 아, 알겠습니다."

"그럼, 받아 적으시오."

구만리 변호사는 무릎을 꿇고 앉아 땀을 뻘뻘 흘리며 진시황의 말을 한 자 한 자 받아 적었다.

"나, 진시황은……."

춘추 전국 시대와 진나라 시황제

기원전 770~기원전 221년까지의 중국을 춘추 전국 시대라 부릅니다. 춘추 시대와 전국 시대를 아울러 부르는 말이지요. '춘추'라는 말은 이 시기 역사를 기록한 공자의 『춘추』라는 책 이름에서 유래한 것이고, '전국'이란 말은 당시 활동하던 많은 사상가들의 이야기를 한데 묶은 『전국』이라는 책에서 유래한 것입니다. 춘추 전국 시대는 많은 사상가들이 서로의 생각을 설파하고 또 교류하던 시기이기도 했습니다. 이 시대의 사상가들을 '제자'라 하며, 그 학파들을 '백가'라고 부릅니다.

당시 중국 대륙에서 가장 큰 힘을 가지고 있던 주나라가 점점 힘이 약해지고, 결국에는 이민족의 공격을 피해 수도를 호경에서 동쪽의 낙읍으로 옮기게 됩니다. 자연스레 주나라 왕실이 약화되자 왕실의 친척으로 제후가 되었던 제후국들의 힘이 세어지게 되지요. 이렇게 주나라가 쇠퇴하고 제·진·초·오·월의 다섯 나라가 서로 싸운 시대가 바로 춘추 시대입니다. 이후 초·제·연·한·위·조·진의 일곱 개의 나라가 서로 싸우던 시대를 전국 시대라고 하지요.

혼란을 거듭하던 춘추 전국 시대를 평정하고 중국 최초로 통일된 나라를 세운 것이 바로 진나라의 시황제입니다. 왕위에 오른 지 27년 만에 여러 나라를 멸망시키고 중국 대륙을 통일한 시황제는, 전국을 36개 군으로 나누고 그 밑에 현을 두는 군현제를 실시하여 국가가 관리를 직접 파견함으로써 왕의 권력을 강화하였지요. 시황제는 스스로를 '황제'라고 부르게 하는 등 왕권을 튼튼히 하는 것에 박차를 가했습니다. 그리고 서체와 도량형 그리고 화폐를 통일하여 새로운 국가의 기틀을 마련했습니다.

　하지만 황제가 되자 욕심도 과해지기 시작했지요. 그래서 마루에만 1만 명의 사람이 앉을 수 있을 정도로 거대한 규모의 '아방궁'을 짓게 하는 등 여러 형태의 공사를 감행하기에 이릅니다.

| 원고 | 진시황 | 대리인 | 구만리 변호사 |
| 피고 | 사마천 | 대리인 | 한필기 변호사 |

청구 내용

기원전 3세기 무렵, 중국은 여러 나라로 갈라져 전쟁이 끊이지 않았습니다. 그래서 힘이 없는 나라의 백성은 어느 나라가 되었든 하루 속히 천하 통일을 이뤄 전쟁으로 인한 고통에서 벗어나기를 갈망했습니다. 이리하여 나, 진시황은 500여 년간에 걸친 어지러운 춘추 전국 시대를 평정하고 '제왕정'의 기틀을 마련했습니다. 이는 제후를 두어 다스리는 지방 분권적인 '봉건제'를 무너뜨리고 천하를 일률적으로 다스리는 중앙 집권적인 제왕정에 대한 시대의 열망을 반영한 것이었습니다. 바로 내가 백성들의 바람을 이룬 것이지요. 이 점 하나만 보더라도 나는 능히 '명군'의 칭호를 들을 만하다고 자부합니다.

그런데 전한 시대의 역사가 사마천은 『사기(史記)』에서 나를 '폭군의 효시'로 매도했습니다. 이로 인해 후대의 역사가들은 나를 '폭군의 대명사'로 낙인찍었습니다. 만약 사마천이 항간의 소문을 마치 역사적 사실인 것처럼 기술하지만 않았더라도 이런 사태는 일어나지 않았을 것입니다. 이것이 내가 사마천의 『사기』를 '역사의 사기'로 지목하는 이유입니다.

지난 1966~1976년 사이에 중국에서는 '문화 대혁명'이 일어나 사람들은 한때 나를 '천년에 한 번 나올 만한 황제'로 드높이기도 했습니다. 그리고 21세기에 들어 최초로 제왕정의 기틀을 마련한 내 업적을 인정하기 시작했는데, 그나마 다행스러운 일이지요.

다만 아직도 많은 사람들은 나를 '폭군의 대명사'로 여기고 있어 편히 눈을 감을 수가 없습니다. 나는 이번 세계사법정에서 '폭군'이라는 그간의 오명을 씻고자 합니다. 이는 내 명예를 회복하는 것은 물론이고 21세기 동북아 시대의 성공적인 개막을 위해서도 꼭 필요한 일입니다. 동서고금을 막론하고 역사의 실체를 제대로 알지 못한 나라가 발전한 적은 없었지요. 역사공화국 세계사법정에서 현명한 판결을 내려 줄 것을 기대합니다.

입증 자료

- 중학교 역사 교과서
- 고등학교 세계사 교과서
  그 외 자료 추후 제출하겠음.

위 청구인 진시황
역사공화국 세계사법정 귀중

사마천은 진시황을 어떻게 말했을까?

1. 진시황은 왜 조나라에서 태어났을까?
2. 진시황은 왜 여불위를 제거했을까?

1 진시황은 왜
조나라에서 태어났을까?

"사마천이 진시황에게 소송을 당했다지? 『사기』의 기록이 잘못되었다며?"

"글쎄, 진시황은 사마천이 자신을 '폭군'으로 묘사한 것이 사실이 아니라고 하던데."

"『사기』를 토대로 한 주장이 얼마나 많은데, 그럼 그것들이 모두 거짓이란 말이야?"

"그건 아니겠지. 진시황은 자신과 진나라에 대한 기록만을 두고 이의를 제기한 거래."

재판이 시작되기도 전에 벌써 방청석의 의견이 분분했다. 그때 판사가 들어오자 법정 경위가 서둘러 장내를 정리했다.

"판사님이 입정하십니다. 모두 조용히 하시기 바랍니다!"

판사는 자리에 앉아 법정 안을 휘 둘러보고 말했다.

판사　원고 측 변호인, 오늘 사건의 내용은 무엇입니까?

판사의 말에 입을 굳게 다물고 있던 구만리 변호사가 자리에서 일어나 원고가 소송을 제기한 이유를 설명했다.

구만리 변호사　판사님, 이번 재판에서 다룰 주제는 원고 진시황이 과연 폭군이었는지 아닌지를 가리는 것입니다. 피고 사마천은 자신의 저서인 『사기』에서 사상 최초로 천하 통일의 업적을 이룬 원고 진시황을 '폭군의 효시'로 기록해 놓았습니다. 이로 인해 원고는 2000년이 넘도록 부당하게 '폭군의 대명사'로 낙인찍혀 숱한 비난을 받았습니다. 이에 진시황이 더는 참을 수 없어 자신을 왜곡한 사마천을 상대로 소송을 제기하고 나선 것입니다.

"무슨 소리야? 그럼 진시황이 '폭군'이 아니었단 말이야?"
"말도 안 돼. 진시황이 '폭군'으로 몰린 게 억울해서 괜히 시비 거는 거 아니겠어?"

방청석이 소란스러워졌지만, 구만리 변호사는 아랑곳하지 않고 말을 이었다.

구만리 변호사　당시 피고는 **왕도(王道)**의 관점에서 원고를 '폭군'

왕도
인의(仁義)와 덕(德)을 기반으로 난세를 평정하고 사회의 안정을 이루려는 사상입니다. 맹자는 사람들을 무력으로 다스리는 패도(覇道)를 왕도와 엄격히 구분하였지요.

으로 단정 짓는 경솔함을 보였습니다. 전국 시대 말기와 진나라 때의 혼란스런 시대적 배경을 따져 보며 원고를 평가하지 않고, 제국의 기틀이 완전히 다져진 한나라 때를 기준으로 원고를 평가한 셈입니다. 이런 평가는 객관성을 띨 수 없습니다. ▶이제『사기』의 기록을 모두 사실이라고 여기는 풍조를 바꿀 때가 되었습니다. 그래야만 역

　　　왜 진시황은 만리장성을 쌓았을까?

사의 진실을 제대로 파악할 수 있기 때문입니다. 역사공화국 세계사 법정의 현명한 판결을 기대합니다.

구만리 변호사가 말을 마치자 장내는 더욱 소란스러워졌다.

"그러잖아도 최근들어 진시황을 긍정적으로 평가하는 역사학자들도 있다더군."

판사　조용히 하세요!

판사가 큰 소리로 말하자, 법정 안은 언제 그랬냐는 듯 조용해졌다. 구만리 변호사가 조용히 손을 들고 말했다.

구만리 변호사　판사님, 먼저 원고를 신문하고 싶습니다.
판사　알겠습니다. 그렇게 하세요.
구만리 변호사　원고는 간단히 자기소개를 해 주세요.
진시황　안녕하시오. ▶▶나는 진시황이라고 하오. 성은 '영', 이름은 '정'이고, 당시 거상이었던 여불위의 도움으로 보위에 오른 진(秦)나라 장양왕의 아들이오. 아버지가 즉위한 지 3년 만에 돌아가시자, 나는 13세의 나이로 왕위에 올랐소이다. 당시는 내가 나이가 어려 나의 생모인 조 태후의 신임을 받은 여불위와 노애가 나 대신 권력을 장악했지요. 하지만 내 나이 30세가 된 재위 17년(기원전 230년)에

교과서에는

▶ 『사기』와 같은 역사 서술 방법을 '기전체(紀傳體)'라고 합니다. 왕의 행적을 중심으로 서술하는 방법인데, 연대순으로 사건을 나열하는 '편년체(編年體)'와 대비되는 방식이죠. 『사기』 이후 기전체는 역사서 서술 방법의 기준이 되었습니다.

▶▶ 기원전 221년, 중국을 통일한 진나라 왕은 셴양에 도읍을 정하고, 스스로를 시황제라 칭했습니다.

봉건제

국가 최고의 통치자가 여러 제후에게 토지를 나누어 주고, 제후들이 각자의 지역을 다스리는 제도입니다. 이는 중국 주나라의 국가 체제에서 비롯되었는데요, 제후는 왕실을 받들며 공납과 부역을 부담했지요.

나는 마침내 직접 나라를 다스리기 시작했소. 이후 ▶강력한 부국강병책을 추진해 한·위·초·연·조·제의 여섯 나라를 차례로 무너뜨리고, 사상 최초로 천하 통일의 위업을 이룰 수 있었소이다.

구만리 변호사　10여 년 만에 천하를 통일하다니, 정말 대단하십니다.

진시황　내가 세운 진나라는 황제 한 사람의 명에 의해 천하가 일사불란하게 통치되었다는 점에서 사상 최초의 중앙 집권적 제국에 해당하오. 서양에서는 흔히 로마를 제국이라 부르지만, 각지의 총독들이 독자적인 군사권 및 재정권을 쥐고 있었다는 점에서 오히려 로마의 체제는 동양의 **봉건제**에 가깝지. 서양에서 진나라와 같이 명실상부한 중앙 집권 체제를 갖춘 제국이 등장한 것은 1789년 프랑스 혁명을 전후한 18세기 즈음으로 보아야 할 게요.

구만리 변호사　그런데 원고가 이룩한 진나라는 안타깝게도 원고가 죽고 4년 만에 패망하고 말았는데요.

진시황　그렇소. 그 때문인지는 몰라도 피고 사마천은 사상 최초로 제국을 건설한 나의 업적을 깎아내리고 당대의 상황은 외면한 채 나를 폭군으로 매도했지. 내가『사기』를 '역사의 사기'로 간주하는 이유가 여기에 있소이다!

한필기 변호사　이의 있습니다! 원고는 구체적인 증거도 없이 피고의『사기』를 '역사의 사기'라 말하며 피고를 모독하고 있습니다.

교과서에는

▶ 진나라는 500여 년 동안 분열되었던 중국 사회를 통일했습니다. 진 왕조는 일찍부터 상앙의 개혁에 따라 부국강병책을 실시함으로써, 시황제에 이르러 6국을 통일할 수 있었지요.

판사 받아들입니다. 원고는 감정적인 표현을 자제하기 바랍니다. 원고는 자신의 주장을 뒷받침할 만한 구체적인 증거가 있습니까?

진시황 물론이오. ▶사마천은 『사기』의 「진시황 본기」에서 나를 "진시황은 덕으로 세상을 다스리는 왕도를 따르지 않고, 권력을 사사로이 여겼다. 잔인하고 난폭한 정치로 천하를 다스리는 일은 그로부터 시작되었다"라고 평해 놓았소. 한마디로 나를 폭군으로 단정 지은 것이오. 당시와 같은 혼란스런 시대에 강력한 통치권이 얼마나 필요했는지를 모르고 하는 소리지요.

구만리 변호사 당시 상황을 고려하지 않은 평가라는 말인가요?

진시황 그렇소. 500년 넘게 지속된 춘추 전국 시대의 혼란을 끝내기 위해서는 강력한 무력을 동원해 갈등을 제압하는 길밖에 없었소. ▶▶만일 내가 일찍 죽지 않고 제국의 기틀을 확고히 마련해, 진나라가 100년 정도만 유지되었더라도 나는 폭군이 아니라 어진 임금, 즉 '성군(聖君)'으로 칭송받았을 거외다. 하지만 불행히도 내가 병으로 일찍 죽는 바람에 진나라는 이내 패망했고, 나는 천하에 둘도 없는 악덕한 군주로 낙인찍히고 말았소. 사마천은 편파적인 시각에서 역사적 사실을 멋대로 왜곡한 비겁한 역사가요.

한필기 변호사 이의 있습니다! 원고는 피고를 비겁한 역사가라고 말하며 또다시 인격적으로 모독하고 있습니다.

판사 받아들입니다. 다시 말하지만, 원고는 모욕적인

성군
어질고 덕이 뛰어난 임금을 말합니다.

교과서에는

▶ 52만 6천5백 자, 30권으로 이루어진 『사기』는 황제의 본기와 신하들의 열전, 그리고 역사를 각 분야별로 정리한 지(志), 연표의 순으로 서술되어 있습니다.

▶▶ 중국의 역사가들은 사상을 탄압하고 유학자들을 죽인 진시황을 폭군으로 묘사했습니다. 그러나 진시황의 뒤를 이은 중국 역대의 황제들은 시황제의 정책을 많이 이어받았지요.

발언을 삼가기 바랍니다.

　그렇다면 원고는 피고 사마천이 원고를 근거도 없이 폭군으로 규정했다는 말입니까?

진시황　그렇다니까요! 그는 나를 폭군이라고 왜곡한 데 그치지 않고, 내가 아버지인 장양왕의 아들이 아니라 정치가이던 여불위의 아들이라고 써 놓는가 하면, 나의 어머니 조 태후를 행실이 좋지 못한 여인으로 그려 놓기도 했소. 그것은 사마천이 나를 악의적으로 왜곡한 것으로 해석할 수밖에 없지.

　"확실히 사마천이 뭔가 잘못 기록한 게 있었나 봐!"

　"뭐가 그렇다는 거야? 아직 뚜렷한 증거가 나온 것도 아니잖아?"

　방청석과 배심원석이 시끄러워지자 구만리 변호사가 일어나 진시황 대신 말했다.

구만리 변호사　존경하는 판사님! 피고 사마천이 왜 유독 원고와 진나라를 그처럼 왜곡했겠습니까? 여기에는 역사적인 이유가 있습니다. 원래 진나라는 춘추 시대 이래 중원의 여러 나라들로부터 서쪽의 오랑캐 취급을 받아 왔습니다. 전국 시대 말기에 이르기까지 이런 풍조는 전혀 바뀌지 않았고요. 이런 상황에서 진나라가 중원의 나라들을 정복하고 천하를 통일했으니 나라를 잃은 중원 사람들이 달갑게 생각할 리가 있겠습니까? 실제로『사기』를 읽어 보면 사마천이 진나라에게 패망해 나라를 잃게 된 중원 사람들의 원한 어린 심

　왜 진시황은 만리장성을 쌓았을까?

경을 대변했다는 느낌을 떨치기 어렵습니다. 즉, 객관적이지 못했다는 뜻이지요.

진시황　구만리 변호사 말이 맞소이다. ▶우리 진나라는 중국 서쪽에서 목축을 하는 **서융(西戎)** 일족이 세운 나라로, 기원전 771년에 주나라의 평왕이 수도를 낙양으로 옮긴 이후에 중원의 역사에 서서히 등장하기 시작했소. 그러나 진나라는 지리적인 특성으로 인해 중원의 **패자**가 되기에는 한계가 있었지.

구만리 변호사　원고의 진나라가 오랫동안 이루고자 했던 중원 진출을 실현시킨 인물은 기원전 362년에 즉위한 효공이지요?

진시황　그렇소. 그가 나라를 부유하게 만들고 군대를 강하게 하는 부국강병책을 실시한 덕분에 우리 진나라는 두 차례에 걸친 제도 개혁을 통해 마침내 서쪽의 강국이 될 수 있었지요. 그리고 효공의 뒤를 이어 혜문왕이 왕위에 올랐고, 당시 진나라에서는 앞으로의 정책을 놓고 심각한 논쟁이 벌어졌소. 재상인 **장의**는 한나라를 치는 동시에 주 왕실을 쳐서 새 왕조를 세우자는 급진적인 주장을 하였소. 이에 반해 장군 사마조는 땅이 기름져 온갖 산물이 많이 나는 **파촉** 땅부터 점령해 힘을 기른 뒤 중원으로 진출하자고 주장했지요. 우리 진나라의 힘이 아직 다른 나라를 제압할 수준이 못 되니, 먼저 나라를 강하게 키운 다음 차

서융
고대 중국인들은 이민족을 '융적'이라고 얕잡아 불렀습니다. 서융은 서쪽의 융적이라는 뜻입니다. 이들은 사방의 이민족을 각각 동이, 서융, 남만, 북적이라고 불렀습니다

패자
패왕(覇王)이라고도 하며, 제나라의 환공, 진나라의 문공, 초나라의 장공, 오나라 왕 부차, 월나라 왕 구천이 대표적인 '춘추 5패(五覇)'에 해당한다. 인(仁)과 덕(德)을 중요시하는 왕도와 비교해 무력과 책략을 구사하는 패도로써 다스리는 제후 중의 실력자를 말합니다.

장의
소진과 함께 전국 시대 말기를 화려하게 수놓은 종횡가(외교를 중시하는 제자 백가)의 대표적인 인물입니다. 위나라 출신인 그는 소진의 주선으로 진나라에서 벼슬살이를 하면서 이내 능력을 인정받아 진혜문왕 때 재상이 되었습니다.

파촉
지금의 쓰촨 성을 말합니다.

교과서에는

▶ 중국을 처음으로 통일한 진나라는 원래 서쪽 변방의 작은 나라였습니다. 진은 차츰 국력을 키워 여러 나라를 차례로 정복했지요.

분히 천하를 도모하자는 것이었소. 사실 이것이 현실에 맞았기에 결국 혜문왕은 사마조의 의견을 따랐소.

구만리 변호사   잘 알겠습니다. 처음엔 힘이 약했던 진나라가 차츰 성장했다는 말이군요. 그럼 다시 원고에 대해 알아보도록 하지요. 진나라 사람인 원고는 왜 진나라가 아닌 조나라에서 태어난 것입니까?

진시황   그건 나의 아버지, 장양왕에 관한 이야기부터 시작해야 하오. 당초 나의 할아버지인 효문왕은 부왕의 뒤를 이어 왕위에 오른 이듬해인 기원전 250년에 상복을 벗고 즉위식을 올렸소. 그런데 공교롭게도 즉위식을 치른 지 불과 3일 만에 세상을 떠나고 말았지요.

구만리 변호사   효문왕이 갑자기 죽자 당시 일부 사람들은 여불위가 원고의 아버지를 왕위에 오르도록 하기 위해 효문왕을 독살했다는 소문을 퍼뜨리기도 했다던데, 사실인가요?

진시황   그런 헛소문이 돌기도 했소. 사실 내 할아버지 효문왕은 태자 때부터 학문에 몰두한 나머지 몸이 몹시 약했소. 그 이전 왕이자 내 증조할아버지인 소양왕은 무려 56년 동안이나 왕의 자리에 있었는데, 원래 부왕이 오래 살 경우 태자는 책 읽는 일 말고는 특별히할 일이 없는 법이오. 더구나 소양왕과 같이 천하를 수중에 넣고 호령하려는 큰 뜻을 품은 사람이 아버지인 경우는 더 말할 것도 없었소. 효문왕은 자신이 아무리 태자라도 자칫 이상한 움직임을 보였다가는 가차 없이 쫓겨나거나 죽임을 당할 수 있다는 걸 알았기 때문에 조용히 학문에 매진했소. 그러다가 그만 몸이 쇠약해지고 말았던 것이오.

왜 진시황은 만리장성을 쌓았을까?

구만리 변호사　그럼 원고의 할아버지인 효문왕이 갑자기 세상을 떠난 것은 원고의 아버지인 장양왕과 관련이 없다는 말씀이지요?

진시황　그렇소이다. 효문왕이 갑자기 죽었기 때문에 태자로 있던 나의 아버지가 왕위에 올랐을 뿐이오. 나의 부친인 장양왕이 왕위에 오른 데에는 여불위의 도움이 컸지만, 아버지 또한 충분히 지혜로운 사람이었소.

이때 피고 측의 한필기 변호사가 나서며 말했다.

한필기 변호사　판사님, 신하로 있던 여불위가 원고의 아버지를 어떻게 도와주었는지 살펴보기 위해 그를 증인으로 불러 주셨으면 합니다.

판사　그럽시다. 증인 여불위는 나와서 선서하세요.

여불위가 증인 선서를 하고 자리에 앉자, 한필기 변호사가 곁으로 다가가 물었다.

한필기 변호사　증인은 먼저 자기소개를 해 주시겠습니까?

여불위　나는 원래 한나라 도성에 본거지를 두고 국경을 넘나들며 장사를 하던 상인의 집안에서 태어났습니다. 젊었을 때 아버지와 여러 나라를 돌아다니며 큰돈을 벌었지요.

한필기 변호사　앞서 증인은 진시황의 아버지가 왕이 되도록 도왔

안국군

진시황의 할아버지인 효문왕을 말합니다. 즉위 전에는 안국군 이라 불렀습니다.

다고 들었습니다. 장양왕을 어떻게 알게 되었나요?

여불위   하루는 조나라의 수도인 한단에 갔다가 볼모로 잡혀 온 사람을 보았어요. 그는 비록 남루한 옷을 걸치고 있긴 했으나 귀한 인상이었습니다. 그래서 지나가는 행인에게 물었더니, 행인이 웃으면서 그가 진나라 태자 **안국군**의 아들인 이인이며, 조나라에 볼모로 잡혀 와 있는 거라고 했지요. 진나라 군사가 자꾸 조나라와의 경계를 침범하자, 당시 조나라 왕은 볼모로 와 있던 이인을 죽이려고까지 해 그는 겨우 목숨을 이으며 가난하게 살고 있었어요.

한필기 변호사   그런 이인을 증인은 한눈에 알아본 것이군요.

여불위   허허. 그렇다고 할 수 있지요. 저는 이인을 두고 '기화가거(奇貨可居)'라고 생각했습니다. 즉 '기이한 보물은 은밀히 감춰 두었다가 훗날 비싸게 팔아 이익을 도모할 만하다'라는 뜻이지요.

한필기 변호사   그래서 증인은 이인을 도와주었나요?

여불위   그렇습니다. 나는 이인이 진나라로 돌아가 왕위에 오를 수 있도록 도왔고, 그 공로로 진나라의 높은 관직인 상국(相國)의 자리에 오르게 되었지요.

한필기 변호사   당시 증인은 어떤 방법으로 이인을 왕위에 앉혔습니까?

여불위   나는 내가 가진 전 재산을 모두 이인에게 걸겠다고 결심하고 그를 찾아가, "내가 그대의 집 문 앞을 성대하게 만들어 드리겠습니다"라고 말했지요.

한필기 변호사   그러자 이인이 뭐라고 대꾸하던가요?

여불위   그는 "그대의 집 문 앞이나 성대하게 만드시오"라고 말하더군요. 그래서 나는 "나의 집 문 앞은 그대의 집 문 앞이 성대해진 뒤에야 비로소 성대해질 수 있습니다"라고 답했지요. 이인은 내 말 뜻을 곧바로 알아채고 이내 나에게 속마음을 털어놓았어요. 그래서 나는 그에게 진나라 태자 안국군은 화양 부인을 사랑하지만 부인에게는 아들이 없다고 말해 주었지요. 하지만 이인, 당신은 서자인 데다 친어머니인 하씨가 이미 안국군의 총애를 잃었고 형제가 스무 명이 넘으니 후계자 서열에서 한참 뒤처질 거라고 충고했지요.

한필기 변호사   그래서 이인이 증인에게 왕이 될 수 있는 방법을 물은 거로군요.

여불위   그렇지요. 그래서 나는 후사를 세울 힘이 있는 사람은 안국군의 총애를 받는 화양 부인뿐이니 1,000금을 들고 서쪽 진나라에 있는 화양 부인을 찾아가 반드시 이인이 왕위를 잇도록 힘쓰겠다고 했소.

한필기 변호사   이인은 갑자기 증인이 찾아와 자신을 왕으로 만들어 주겠다고 하니 깜짝 놀랐겠군요?

여불위   그랬지요. 이인은 크게 기뻐하며 내가 말한 대로 자신이 왕이 되기만 한다면 진나라를 함께 다스리자고 했어요. 이에 나는 이인에게 돈을 건네면서 여러 유명인들과 사귀게 하고, 나는 진귀한 보물과 아름다운 노리개를 사 들고 진나라로 가 화양 부인의 언니를 만났지요. 나는 그녀에게 보물을 바친 뒤 동생인 화양 부인을 설득

왜 진시황은 만리장성을 쌓았을까?

해 줄 것을 당부했습니다.

한필기 변호사　　그녀는 증인의 부탁을 들어주었나요?

여불위　　그렇습니다. 그녀는 이내 동생인 화양 부인을 만나 내가 부탁한 대로 "지금 부인은 안국군의 총애를 받고 있으나 아들이 없으니, 안국군의 여러 아들 중 현명하고 효성스런 자를 골라 아들로 삼아야 합니다. 지금 조나라에 인질로 가 있는 이인은 그의 친구들이 천하에 두루 퍼져 있고, 부인을 생모로 여기고 있습니다. 부인이 그를 발탁한다면 그는 나라를 얻는 것이고, 부인은 아들을 얻는 것입니다"라고 말했지요.

한필기 변호사　그래서 어떻게 되었나요?

여불위　화양 부인은 이를 그럴듯하게 여겼어요. 그래서 안국군을 찾아가 울음을 터뜨리며, "신첩은 불행하게도 아들이 없습니다. 지금 조나라에 있는 이인은 밤낮으로 안국군과 저를 생각하며 울고 있다 합니다. 원컨대 이인을 자식으로 삼아 훗날 이 몸을 의지하고자 합니다"라고 말했어요. 안국군은 곧 화양 부인에게 이인을 후계자로 삼을 것을 약속하면서 이인에게 후한 예물을 내린 뒤, 내게는 이인을 잘 보필하라는 명을 내렸습니다.

한필기 변호사　그렇다면 이 일 외에도 이인이 장차 장양왕으로 즉위할 수 있었던 또 다른 계기가 있었나요?

여불위　진시황이 태어난 지 2년이 되던 기원전 257년에 진나라 군사가 조나라의 수도인 한단을 포위하자, 화가 난 조나라 사람들은 이인을 죽이려고 했습니다. 당시 한단성 안에 있던 이인은 나와 의논해 황금으로 감시관을 매수하고 진나라 군사가 있는 곳으로 달아났지요. 나는 이인과 함께 진나라에 돌아오면서 이인에게 초나라 복장을 입고 화양 부인을 만나라고 권했습니다. 화양 부인이 초나라 출신인 것을 알고 계획을 짠 것이지요. 과연 화양 부인은 초나라 옷을 입은 이인을 보고 크게 기뻐하며 그를 아들로 삼았습니다. 그러고는 이인의 이름을 초나라의 자식이라는 뜻에서 '자초(子楚)'로 바꿨지요.

한필기 변호사　그래서 진시황의 아버지인 이인이 장양왕이 될 수 있었군요. 그럼 이쯤에서 진시황의 출생에 대해 이야기해 봅시다.

이후 이인은 한때 증인의 첩이었던 조희라는 여인을 만나
원고 진시황을 낳았지요?

여불위　맞습니다. 당시 저는 한단에서 가장 뛰어난 미
인을 얻어 함께 살고 있었습니다. 바로 원고의 어머니인
조희라는 여인입니다. 그녀는 조니리 호족의 딸이었습니다. 하루는
이인이 저와 함께 술을 마시다가 조희를 보고는 자신이 데려가게 해
달라고 청했습니다. 제가 이를 승낙하자 조희는 이인에게 가, 이인
이 왕이 된 후 소양왕 48년 정월에 진시황을 낳았습니다. 원고는 정
월에 태어났기 때문에 이름을 '정(政)'이라 불렀습니다. '정'은 바르
게 다스린다는 뜻도 있어 장차 왕이 될 인물의 이름으로 손색이 없
었지요.

한필기 변호사　그런데 피고 사마천은 『사기』 「여불위 열전」에서
원고가 이인의 자식이 아니라 바로 증인의 아들일 수 있다고 말했습
니다. 증인은 이에 대해 어떻게 생각합니까?

한필기 변호사가 증인 여불위에게 질문하자, 구만리 변호사가 벌
떡 일어나 말했다.

구만리 변호사　판사님, 이의 있습니다! 지금 피고 측 변호인은 유
도 신문을 하고 있습니다. 「여불위 열전」의 기록은 사마천이 진시황
을 깎아내리기 위해 떠도는 소문을 마치 사실인 양 쓴 것입니다. 사
마천은 여불위가 자신의 첩인 조희를 이인에게 보냈을 때 그녀가 이

호족
재산이 많고 세력이 강한 집안
을 말합니다.

미 증인인 여불위의 자식을 잉태하고 있었다고 썼지요. 그리고 그 아이가 바로 진시황이라 기록한 것입니다. 진나라가 망한 후 후대 사람들은 원고는 물론 진나라의 모든 인물을 가차 없이 왜곡했습니다. 당시 피고처럼 진나라를 역사에서 아예 지워 버리고자 한 자들이 많았는데, 그들에게 진시황이 여불위의 자식일 수도 있다는 말은 진나라를 왜곡할 수 있는 좋은 이야깃거리였습니다. 이는 원고의 정통성을 깎아내리려는 피고의 속셈이 여실히 드러나는 대목입니다.

판사   원고 측이 피고를 두고 '역사의 사기'를 범했다고 지적한 것이 바로 그 때문입니까?

구만리 변호사   그렇습니다. 저희도 피고가 『사기』를 저술하면서 역사적 사실을 있는 그대로 수록하기 위해 나름대로 애쓴 점을 인정합니다. 그러나 원고와 진나라에 관한 기술만큼은 사실과 너무나 다릅니다. 원고를 증인인 여불위의 자식으로 기록해 놓은 게 대표적인 예이지요.

한필기 변호사   판사님! 피고 사마천이 없는 말을 꾸며 낸 것은 아닙니다.

구만리 변호사가 사마천에 대해 비난하자 방청석이 술렁였다.

"사마천이 그런 사람이었어?"

"아니야, 믿을 수 없어. 아직 확실한 증거가 나온 것도 아니잖아."

방청석을 지켜보던 구만리 변호사는 만족한 표정을 지으며 잠시 뜸을 들인 후 말을 이었다.

왜 진시황은 만리장성을 쌓았을까?

구만리 변호사　판사님, 앞서 말한 대로 피고의 책『사기』는 원고의 친아버지를 신분이 미천한 장사꾼으로 둔갑시킨 것도 모자라 어머니를 행실이 바르지 못한 여인으로 기록했지요. 그래서 진시황은 아무리 세상을 덮을 만한 커다란 공을 세워도 조롱을 받을 수밖에 없었습니다. 이번 소송에서 원고는 생모인 조 대후에 대한 억울한 누명도 벗기고자 합니다.

중국을 통일한 진나라

  진나라는 원래 중국 대륙에서도 가장 서쪽에 있던 변방의 나라였습니다. 따라서 유목 민족의 침입이 잦았는데요. 진나라는 유목 민족으로부터 주나라를 보호하는 제후국에 불과했습니다.

  그런데 진나라가 어떻게 중국을 통일하게 되었을까요? 먼저 진나라는 부국강병을 이루기 위해 강력한 법으로 백성을 다스리는 법가 사상을 제도로 정비해 실행했습니다. 이로써 왕은 막강한 권력을 지닐 수 있었지요. 둘째로 진나라의 강력한 군사력이 통일의 바탕이 되었습니다. 특히 왕은 신분이 높고 낮음에 관계없이 전쟁에서 공을 세우면 상을 내리고, 신분이 높거나 왕족이라 하더라도 적에게 패배하면 여러 가지 혜택을 박탈했습니다.

  이러한 제도에 힘입어 군사들은 용감하게 전투에 나서 나라를 위해 싸웠지요. 결국 진나라는 사상 최초로 중국을 통일할 수 있었습니다.

2

진시황은 왜
여불위를 제거했을까?

판사　잘 들었습니다. 그런데 증인으로 나온 여불위는 공로가 큰데도 불구하고 진시황 때문에 스스로 목숨을 끊었다고 들었습니다. 어떤 이유인가요?

한필기 변호사　판사님, 잘 지적해 주셨습니다. 증인은 진시황의 아버지 이인이 진나라의 왕이 되는 데 큰 도움을 준 인물입니다. 그런데 『사기』의 기록에 따르면 증인은 장안의 건달인 노애를 원고의 어머니 조 태후에게 소개했고, 훗날 노애의 반란 사건에 연루돼 쫓겨나 죽은 것으로 되어 있습니다. 증인, 이것이 사실인지요?

여불위　사실이기는 합니다만 과장된 면이 있습니다.

한필기 변호사　증인, 아무래도 지금부터는 증인의 죽음과 관련된 내용이니 증언하기 힘드실 듯합니다. 하지만 역사의 진실을 밝힌다는 생각으로 있는 그대로 증언해 주시기를 부탁드립니다.

여불위　네, 좋습니다. 당초 원고의 어머니 조희는 어린 아들과 함께 이리저리 숨어 다니면서 목숨을 보전하다가, 남편 이인이 왕위에 오른 후 아들과 함께 진나라에 갈 수 있었습니다. 그러나 3년 만에 남편이 죽고 아들 진시황이 왕위에 오르자 갑작스럽게 태후가 되었지요. 그때 그녀의 나이가 30세 즈음이었습니다. 이후 조 태후는 어린 왕의 앞날을 걱정해 나에게 의지했고, 나는 조 태후에게 노애를 소개해 주었습니다. 어느 날 조 태후는 진시황에게, 노애가 왕을 대신하여 자신을 잘 모시고 있으니 노애에게 토지를 내려 달라고 했습니다.

한필기 변호사　진시황은 그 청을 받아들였나요?

여불위　네. 진시황은 곧 노애에게 땅을 내리고 '장신후'라는 작위도 주었지요. 노애가 갑자기 귀한 몸이 되자, 그의 주변에 수많은 사람들이 몰려들었습니다. 이에 노애는 셴양성 안에도 자신의 무리를 두게 되었지요.

한필기 변호사　그런데 이후에 노애는 왜 반란을 일으킨 것입니까?

여불위　진시황이 22세가 되는 재위 9년(기원전 238년)에 혜성이 나타난 게 문제였습니다. 당시에는 혜성이 나타나는 것을 불길한 징조로 여겼는데, 그때 나타난 것이었죠. 그래서 진시황은 나쁜 운을 막는다는 여러 조치를 취한 뒤, 하늘에 제사를 올리기 위해 옹성으로 갔습니다. 그러고는 사당에서 의식을 거행한 뒤 군신들과 함께 5일 동안 잔치를 베풀었지요. 놀기 좋아하는 노애도 신하들과 함께 날마다 술을 마시며 도박을 하느라 정신이 없었습니다.

한필기 변호사   거기서 뭔가 사건이 생긴 거로군요?

여불위   네, 맞습니다. 잔치가 시작된 지 4일째 되던 날, 노애는 대부 안설과 도박을 하다 계속 돈을 잃자, 다시 하자며 억지를 부렸습니다. 안설이 이를 거절하자 노애는 몹시 화를 내며 안설의 따귀를 때렸습니다. 이에 안설도 화가 나 노애의 관끈을 잡아당겨 끊어 버렸지요. 그러자 노애는 자신의 신분을 밝히고 눈을 부라리며 호령했습니다. 안설은 겁이 나서 방 밖으로 달아나 진시황을 찾아갔습니다.

한필기 변호사   안설은 진시황에게 뭐라고 했나요?

여불위   전한 제국 말기에 나온 유향의 『설원』에 따르면 안설은, "노애가 장차 보위를 빼앗고자 역모를 꾸미고 있습니다"라고 말했다고 합니다. 물론 『설원』은 항간에 나도는 얘기를 수록한 것이지만 상당 부분 진실을 담고 있습니다.

구만리 변호사   이의 있습니다! 대체 검증된 진실이 아닌 소문을 근거로 변론하는 이유가 무엇입니까? 방금 증인이 안설에 관해 한 얘기는 사마광의 『자치통감』은 물론이고, 『사기』에도 나오지 않습니다. 이는 후대 사람들이 지어 낸 얘기에 불과합니다.

대부
중국 고대의 다섯 계급인 천자(天子)·제후(諸侯)·대부(大夫)·사(士)·서민(庶民) 중 제3계급을 지칭한 말로, 천자·제후는 한나라의 주권자이고, 대부는 사와 함께 신하이면서 동시에 서민을 지배하는 계급이었습니다.

『자치통감』
중국 고대사를 엮은 역사책으로, 주나라의 위열왕 23년(기원전 403)부터 송나라의 세종 6년(959)까지의 역사를 담고 있습니다. 무려 19년 동안 만들었으며, 총 294권에 달하지요.

한필기 변호사와 증인 여불위의 증언을 못마땅하게 듣고 있던 구만리 변호사가 갑자기 일어나 말했다.

『자치통감』

판사　원고 측 변호인, 아직 증인의 이야기가 끝나지 않았습니다. 피고 측, 계속해 주시지요.

한필기 변호사　원고 측 변호인은 역사 공부를 좀 더 해야겠군요! 『자치통감』에 따르면 당시 진시황은 대신들에게 노애가 반역을 꾀하고 있으니 군사를 이끌고 가 그를 제거하라고 명했습니다.

여불위　그렇습니다. 이 소식을 전해 들은 노애는 급히 조 태후에게 달려가 사태가 급박하니 군사들이 오기 전에 진시황이 머무는 기년궁에 호위군을 보내 그를 죽여야 한다고 말했습니다.

한필기 변호사　호위군이 명을 따르지 않으면 노애의 계략이 헛수고가 되겠군요.

여불위　네. 노애는 명령서를 거짓으로 꾸며 궁에 있던 사람들에게 선포했습니다. 그러고는 각 궁의 호위군을 불러 진시황이 머무는 기년궁을 포위했지요.

한필기 변호사　갑자기 군사들이 궁 밖을 포위하니 진시황은 매우 놀랐겠군요?

여불위　그렇습니다. 진시황은 궁을 둘러싼 군사들을 보고 궁 밖으로 나와 어찌 된 일인지 물었습니다. 이에 병사들은 장신후 노애가 이곳에 도적이 들었다고 해 진시황을 호위하러 왔다고 말했지요. 그러자 진시황은 "장신후가 바로 도적이다"라고 단호히 말했습니다. 그러자 호위군은 창을 돌려 노애의 부하들과 싸우게 됐습니다.

한필기 변호사　그때 진시황이 엄청난 명을 내렸다고 들었는데요?

여불위　네. 진시황은 노애를 사로잡으면 100만 냥, 머리를 바치면

50만 냥을 주고, 그의 무리 중 한 명을 죽이면 한 등급을 특진시켜 주겠다고 약속했습니다. 이는 지위를 막론하고 누구에게나 적용되었지요. 진나라 사람들은 큰 상을 내린다는 소식에 모두 노애 일당을 잡으러 나섰습니다. 진시황은 즉시 군사를 이끌고 태후궁으로 가 샅샅이 뒤진 뒤, 노애를 찾으면 즉시 처형하라고 명했습니다. 결국 노애와 그 일당들은 줄줄이 잡혔지요. 이상이 『자치통감』의 내용입니다. 『사기』보다 훨씬 자세하지요.

판사 그런데 한필기 변호사, 이러한 노애의 반란 사건이 증인 여불위의 죽음과 어떤 관련이 있지요?

한필기 변호사　　반란자 노애를 조 태후에게 추천한 사람이 바로 증인 여불위였던 것이었죠.

여불위　　그렇습니다. 이 사실을 알고 진시황은 불같이 화를 내더군요.

한필기 변호사　　『사기』에도 화가 난 진시황이 붙잡힌 노애를 신문했다고 나와 있습니다. 진시황은 노애의 부모와 형제, 처자를 모두 처형한 뒤, 군신들에게 노애를 천거한 여불위를 죽이려 하는데 어떻게 생각하느냐고 물었습니다.

판사　　군신들이 뭐라고 했나요?

한필기 변호사　　당시 조정에는 여불위의 일당이 많았기 때문에 그들은 여불위가 세운 공로를 내세우며 처형을 말렸지요. 그래서 진시황도 여불위를 살려 주는 대신 그를 파직하고 촉 땅으로 유배를 보냈습니다. 하지만 증인은 진시황이 계속 압박해 오자 결국 2년 뒤인 기원전 235년에 스스로 목숨을 끊었지요.

판사　　진시황의 아버지인 이인이 왕이 되도록 돕고 한때 최고의 자리인 상국에까지 올랐던 증인이 그렇게 목숨을 잃었군요.

한필기 변호사　　그렇습니다. 원고 진시황은 이처럼 자신을 도와준 신하를 배반한 인물입니다. 게다가 앞서도 말했듯이 원고는 여불위의 자식일 수도 있다는 겁니다. 원고가 부정한 혈통을 갖고 있다는 것은 부인할 수 없는 사실입니다.

사료

역사연구에 필요한 문헌이나 유물, 문서, 기록, 건축, 조각 따위를 이릅니다.

한필기 변호사는 노애의 반란 사건을 끌어와, 원고 진시황이 여불위를 죽음으로 몰고 간 사악한 인물이라고 주장했다. 구만리 변호사는 자리에서 일어나 변론을 시작했다.

구만리 변호사   판사님! 이러한 사실 또한 피고가 원고를 흠집 내려했던 것에 지나지 않습니다. 『사기』는 진시황의 명예를 깎아내리기 위해 일부러 그의 어머니인 조 태후와 노애에 얽힌 이야기를 자세히 쓰고 정작 진시황의 업적이나 그의 아버지인 장양왕에 대해서는 별다른 기록도 남기지 않았습니다. 이는 진시황을 의도적으로 여불위의 자식으로 몰아가기 위해 원고의 아버지인 장양왕에 관한 기록을 아예 쓰지 않았던 것으로 볼 수 있습니다. 제가 보기에 『사기』는 애초부터 피고가 원고를 헐뜯을 의도로 입맛에 맞는 **사료**만 선택해 이야기를 덧붙이거나 덜어 냈을 가능성이 큽니다.

한필기 변호사   원고 측 변호인이 이제 억지를 부리는군요. 『사기』뿐만 아니라 여러 역사서에 명백히 기록으로 남아 있는데, 어떻게 그런 생각을 하는 거지요? 상상력 한번 대단하군요.

구만리 변호사   판사님, 그럼 이 자리에서 피고 사마천에게 진시황에 관한 기록을 어떻게 왜곡했는지 직접 들어 보겠습니다.

판사가 고개를 끄덕이자 구만리 변호사가 피고 쪽으로 다가가 질문했다.

구만리 변호사 　피고는 간략히 자기소개를 해 주시겠습니까?

사마천 　나는 기원전 145년 전한 제국 초기에 **태사령**으로 있던 사마담의 아들로 태어났습니다. 어릴 적부터 책을 열심히 읽었고, 20세 때에는 **한 무제**를 곁에서 수행하며 여러 지역을 여행했습니다. 그때 많은 사료를 수집했지요. 아버지는 내가 36세 때인 기원전 110년에 돌아가셨는데, 그때 나에게 자신이 못 다 쓴 『사기』를 완성하라고 당부했습니다. 나는 황실 도서관에서 근무하게 되면서 본격적으로 사료를

태사령
천문, 역법과 도서를 총괄하는 관원입니다. 사마천은 태사령인 아버지에게 글을 배우며 공부했다고 해요.

한 무제
중국 한나라의 7대 황제입니다. 유가 사상을 기반으로 나라를 다스렸으며, 주위의 위만조선, 흉노족 등을 멸망시켜 넓은 영토를 확보하였지요.

사마천

수집했습니다. 그리고 4년 뒤, 천문 역법의 전문가로서 '태초력(太初曆)'을 제정하는 데 참여하며 『사기』를 쓰기 시작했고, 기원전 91년에 이를 완성했지요.

구만리 변호사 『사기』를 보면 과거의 인물들이 매우 생생하게 묘사되어 있습니다. 이는 과거의 기록을 참고한 것인가요?

사마천 그렇습니다. 다만 당시의 상황을 생생히 재현하기 위해 문구에 이리저리 손을 대기는 했지요. 하지만 내가 꾸며 낸 기록은 단 한 글자도 없습니다. 나는 기본적으로 같은 내용을 사서에 기록할지라도 예술적으로 표현해야 한다는 신념을 갖고 있습니다. 그래야 사람들을 감동시킬 수 있기 때문입니다.

구만리 변호사 판사님, 피고는 교묘한 말장난으로 자신을 계속 합리화하고 있습니다. 앞서 한필기 변호사는 노애의 이야기를 끌어와 원고는 여불위를 죽인 악덕한 왕이라 말했습니다. 또 원고가 장양왕의 자식이 아니라 여불위의 자식일 수도 있다고 말했지요. 왜냐, 피고가 바로 『사기』에 그렇게 썼기 때문이지요.

사마천 내가 없는 이야기를 꾸며 낸 것은 아닙니다.

구만리 변호사 좀 전에 했던 질문을 이어 가지요. 피고는 『사기』에 없는 이야기를 꾸미지 않았다고 주장했습니다. 근거라도 있나요?

사마천 아까 말씀드린 대로 나는 단 한 글자도 꾸며 내지 않았습니다. 나는 원고와 같은 시대에 살지는 않았으나 시기적으로 크게 떨어져 있지 않았지요. 나는 10세 때부터 여행을 떠나 청년 시절에 이르기까지 거의 여행광에 가까울 정도로 각지를 돌아다 녔습니다. 이는 현장을 답사하며 당시의 생생한 이야기들을 전해 듣기 위한 나의 노력이었지요. 당시 나는 인간과 시대 정신을 알아야만 올바른 역사를 쓸 수 있다고 생각했습니다.

춘추필법
『춘추』와 같이 비판적이고 엄정한 필법을 이르는 말로, 대의명분을 밝히어 세우는 역사 서술 방법입니다.

구만리 변호사   역시 피고는 변명에 일가견이 있군요.

사마천   우리 집안은 대대로 사관을 맡은 까닭에 춘추필법(春秋筆法)에 그 누구보다 충실했다고 자부합니다. 구 변호사는 이런 우리 집안을 무시하는 것이오?

판사   피고는 진정하세요. 원고 측 변호인은 계속 질문하세요.

구만리 변호사   그렇다면 피고는 왜 『사기』에 노애의 출신과 내력에 대해서 언급하지 않은 것입니까? 일부러 원고의 어머니인 조 태후를 흠집 내기 위해 그런 것은 아닙니까?

사마천   그렇지 않소.

구만리 변호사   피고는 아니라고 부정하지만, 나는 피고가 일부러 노애를 부정적인 인물로 나타내 조 태후와 함께 비난한 것은 아닌가 라는 의혹을 떨칠 수 없습니다.

판사   무슨 근거라도 있나요? 구만리 변호사가 품은 의혹에 대해 좀 더 자세하게 말해 보세요.

구만리 변호사   알겠습니다. 피고 측의 주장과는 달리, 노애는 조 태후의 총애를 등에 업고 여불위와 맞섰던 인물일 가능성이 큽니다. 장양왕이 세상을 떠나면서 여불위를 견제하기 위해 조 태후 곁에 심

환관

거세된 남자로서 궁에서 벼슬을 하던 사람을 뜻하지요. 우리 나라에선 '내시'라 칭했답니다.

어 둔 신하일 수도 있고요. 장양왕은 여러 해 동안 여불위와 생사고락을 같이한 까닭에 그의 능력과 사람됨을 아주 잘 알고 있었을 것입니다. 여불위가 발휘한 놀라운 책략의 수혜자인 장양왕이 과연 남편 잃은 과부와 13세의 어린 아들을 여불위 앞에 놓고 가면서 편히 눈 감을 수 있었겠습니까?

판사 그럴 법도 하군요.

구만리 변호사 네, 당시의 여러 정황에 비춰 볼 때, 노애는 장양왕이 죽기 전에 **환관**으로 궁에 들어온 후 장양왕의 눈에 들어 총애를 받는 신하가 됐을 가능성이 큽니다. 이후 조 태후는 장양왕의 권유에 따라 노애와 손을 잡고 여불위를 견제했던 것이고요. 그런데 이것 때문에 조나라 최고의 미인이었던 이 여인은 행실이 좋지 않았다는 오명을 뒤집어쓰게 되었습니다. 후대의 유생들도 악의적으로 이런 헛소문을 만들어 퍼뜨렸고, 피고 역시 의도적으로 이를 역사적 사실인 양 『사기』에 기록했을 가능성이 큽니다. 따라서 피고 사마천은 자신의 저서인 『사기』가 진나라와 진시황의 어머니 조 태후에 관해 잘못된 사실을 전한 것에 책임을 져야 합니다.

구만리 변호사가 단호히 말하자 사마천의 얼굴이 순간 어두워졌다가 이내 말을 이었다.

사마천 내가 책임을 져야 한다고요? 원고 측 변호인이야말로 억지 주장을 하는군요. 내가 『사기』에 기록한 내용은 『동주열국지』,

『춘추 좌전』, 『전국책』 등 다른 역사책의 기록과도 일치합니다. 그런데 어찌 내가 거짓말을 한다고 할 수 있겠소?

한필기 변호사　　맞습니다. 『사기』뿐만 아니라 다른 역사책에도 그런 기록이 있다면 피고가 뜬소문을 옮겨 놓은 것이 아니라는 뜻입니다.

　사마천의 반론에 구만리 변호사가 뭔가 말을 이으려고 하자 판사가 제지했다.

판사　　자, 진시황과 사마천에 관한 재판 첫째 날의 시간이 다 지나갔군요. 오늘은 원고와 피고, 증인 여불위의 증언을 토대로 사마천이 진시황을 왜곡했는지에 대해 알아보았습니다. 그럼 다음 재판에서 이어 가도록 하지요.

　땅, 땅, 땅!

진나라 역사

기원전			사건
325	진 혜문왕	13년	진 혜문왕이 처음으로 왕을 칭함
259	진 소양왕	48년	진시황이 한단에서 태어남
251		56년	소양왕 병사하고 안국군, 효문왕이 즉위함
250	진 효문왕	원년	효문왕이 즉위식 거행 3일 만에 죽고 이인, 장양왕이 즉위함
247	진 장양왕	3년	장양왕이 재위 3년 만에 죽고 진시황이 즉위함
238	진 시황	9년	진나라에서 노애의 반란이 일어남
237		10년	재상 여불위를 파면함. 여불위는 2년 뒤 자살함
233		14년	한나라 사자 한비자가 진나라 옥중에서 자살함
230		17년	진나라가 한나라를 멸망시킴
227		20년	연나라 자객 형가가 진시황 암살에 실패함
221		26년	진나라가 제나라를 멸하고 천하를 통일함
220		27년	진시황이 사상 최초로 황제를 칭함
213		34년	진시황이 이사의 건의를 좇아 분서(焚書)를 행함
212		35년	진시황이 도사들의 사기 행각에 분노해 갱유(坑儒)를 행함
210		37년	진시황이 병사함. 막내아들 호해가 2세 황제로 즉위함
206	2세 황제	4년	초나라의 항우가 진 제국을 멸망시킴

다알지 기자

시청자 여러분, 안녕하십니까? 빛보다 빠르게 세계사법정의 사건들을 속속들이 전해 드리는 법정 뉴스의 다알지 기자입니다. 오늘은 어지러운 춘추 전국 시대를 통일했던 진시황이 『사기』를 쓴 사마천을 상대로 벌인 재판의 첫째 날이었는데요. 오늘 재판에서는 원고와 피고, 증인 여불위의 증언을 토대로 원고 진시황이 혈통 논란에 휩싸인 배경에 대해 알아보았습니다. 증인 여불위는 조나라에서 진시황의 아버지 이인을 만나 그를 진나라 왕으로 만들고 권세를 떨치다가, 이후 노애의 반란에 휘말려 스스로 목숨을 끊었던 과정을 생생하게 증언했지요. 오늘 재판에 대해 양측 변호사는 어떻게 생각하는지 소감을 들어 보겠습니다. 먼저 원고 측의 구만리 변호사부터 말씀해 주시지요.

구만리 변호사

　　진나라의 시황제는 천하 통일의 위업을 이루
고도 역사상 둘도 없는 폭군으로 낙인찍혔습니다.
그것은 모두 사마천이 『사기』에서 그를 '폭군의 효시'로
기록한 탓입니다. 또한 사마천은 노애의 반란은 그토록 자세히 기록하
고 있으면서, 역사적으로 중요한 인물인 진시황의 아버지 장양왕에 대
해서는 별다른 기록을 남기지 않았습니다. 따라서 『사기』는 역사를 사
실대로 밝힌 글이 아니라, 애초부터 피고가 원고를 헐뜯을 의도로 왜
곡한 이야기임이 틀림없습니다. 피고 사마천은 진나라 때의 혼란스러
웠던 상황이 아닌, 제국의 기틀이 완전히 다져진 한나라 때를 기준으
로 원고를 평가했습니다. 과연 이런 잘못된 평가가 객관성을 띨 수 있
겠습니까?

왜 진시황은 만리장성을 쌓았을까?

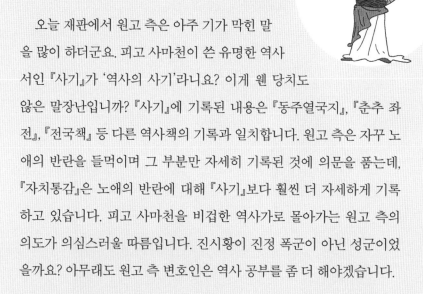

한필기 변호사

오늘 재판에서 원고 측은 아주 기가 막힌 말을 많이 하더군요. 피고 사마천이 쓴 유명한 역사서인 『사기』가 '역사의 사기'라니요? 이게 웬 당치도 않은 말장난입니까? 『사기』에 기록된 내용은 『동주열국지』, 『춘추 좌전』, 『전국책』 등 다른 역사책의 기록과 일치합니다. 원고 측은 자꾸 노애의 반란을 들먹이며 그 부분만 자세히 기록된 것에 의문을 품는데, 『자치통감』은 노애의 반란에 대해 『사기』보다 훨씬 더 자세하게 기록하고 있습니다. 피고 사마천을 비겁한 역사가로 몰아가는 원고 측의 의도가 의심스러울 따름입니다. 진시황이 진정 폭군이 아닌 성군이었을까요? 아무래도 원고 측 변호인은 역사 공부를 좀 더 해야겠습니다.

진시황은 왜 폭군으로 기록되었을까?

1. 진시황은 왜 이사를 발탁했을까?
2. 진시황은 왜 한비자를 죽게 했을까?
3. 연나라의 태자는 왜 진시황을 죽이려 했을까?

1

진시황은 왜
이사를 발탁했을까?

판사　첫 번째 재판에서는 진시황의 출생과 여불위라는 인물에 관해 알아보았습니다. 이제 두 번째 재판을 시작하겠습니다. 먼저 원고 측 변호인부터 오늘 변론할 내용에 대해 설명하시기 바랍니다.

구만리 변호사　네, 판사님. 사람들은 원고 진시황이 천하를 통일하면서 강력한 법가 사상에 따라 통치했기 때문에 그를 폭군이라 부르기도 합니다. 진시황은 왜 법가 사상을 따를 수밖에 없었을까요? 우리는 그 이유를 정확히 파악한 후에야, 원고가 과연 폭군이었는지 아닌지를 가릴 수 있을 것입니다. 그래서 오늘은 이 문제를 중심으로 변론을 전개하겠습니다.

판사　그럼 원고와 피고 측 변호인 가운데 누가 먼저 시작하겠습니까? 아무래도 원고 측이 먼저 하는 것이 좋겠지요? 원고 측 변호인이 먼저 시작하세요.

구만리 변호사　존경하는 판사님! 이번 소송이 제기된 이유를 정확히 파악하기 위해서는 먼저 진시황이 천하를 통일하는 데 결정적인 도움을 준 승상 이사에 대해 알아볼 필요가 있다고 생각합니다. 이사를 증인으로 불러 그의 정책에 대해 들어 보도록 하겠습니다.

판사　좋습니다. 이사는 증인석으로 나와 증인 선서를 해 주세요.

판사의 부름을 받은 이사가 증인석에 나와 증인 선서를 한 후 자리에 앉았다.

구만리 변호사　증인, 먼저 자기소개를 해 주시지요.

이사　나는 원래 초나라 사람으로 젊었을 때 행정 구역 중 하나인 군(郡)의 하급 관원으로 있었어요. 나는 당대의 이름난 학자인 순자를 섬기며 제왕의 통치술을 배웠습니다. 이후 진시황에게 강력한 법가 사상을 권유해 봉건제를 타파하고 군현제를 통해 왕권을 세울 수 있도록 도왔습니다.

구만리 변호사　증인은 진나라에서 진시황을 도와 파격적인 정치를 추진한 실력자로 알려져 있습니다. 먼저, 어떻게 진시황을 만나게 되었나요?

이사　나는 초나라에서 학문이 어느 정도 완성된 후 서쪽의 진나

법가 사상
춘추 전국 시대 제자백가 사상 가운데 하나로 유가(儒家) 사상과 대립하면서 발달했습니다. 오로지 법에 의거해 부국강병을 이루고 백성을 다스릴 것을 주장했으며, 위나라의 이회, 진나라의 상앙과 이사, 저서로 진시황를 감동시킨 한비자를 대표적인 학자로 꼽을 수 있지요.

순자
전국 시대 말기에 태어난 순자는 공자 사상을 기반으로 제자백가 사상을 총망라해 '제왕학'을 집대성한 인물입니다. 훗날 성리학을 완성시킨 남송의 주희는 공자의 학문이 맹자에게 이어졌다고 주장했으나, 제왕학의 관점에서 보면 공자의 학문은 순자에게 이어졌다고 보는 게 타당합니다.

군현제
전국을 군(郡)으로 가르고 이를 다시 현(縣)으로 갈라, 중앙 정부에서 지방관을 보내어 직접 다스리던 제도입니다.

유세객

탁월한 식견으로 정치, 경제 등 사회의 전반적인 문제에 조언을 하는 사람을 말합니다.

라로 가고자 했습니다. 초나라 왕은 유약하여 섬길 만한 인물이 못 되고, 나머지 5국은 모두 나라의 힘이 약해 공을 세울 여지가 없다고 생각했기 때문이지요. 내가 진나라에 이르렀을 때는 이미 진 나라의 장양왕이 죽은 뒤였습니다. 나는 이내 여불위를 만났고, 나의 학문과 재주를 아낀 여불위의 추천으로 진시황을 만날 수 있었지요. 그때 나는 진시황에게 내 뜻을 말할 기회를 얻었고, 내 의견을 들은 진시황은 나를 곧 타국 출신의 고위 관리직인 객경(客卿)에 임명했습니다.

구만리 변호사   그런데 증인이 객경이 되고 얼마 후, 여불위가 쫓겨나면서 진시황이 다른 나라에서 온 유세객을 추방하라는 명령인 축객령(逐客令)을 내렸지요? 여불위도 다른 나라 사람이었으니 진시황은 이들을 믿지 못했던 것입니다. 당시 여불위의 추천으로 벼슬길에 오른 증인은 난처한 상황에 처했겠네요.

이사   그렇습니다. 진시황 10년(기원전 237년) 당시 천하를 호령했던 여불위가 노애의 반란에 관련되었다는 이유로 상국의 자리에서 쫓겨나자, 진나라의 대신들이 우르르 진시황을 찾아가 지금 진나라에서 벼슬하는 다른 나라 출신의 사람들은 모두 그들의 군주를 위해 진나라를 어지럽힐 수 있으니 내쫓아야 한다는 의견을 냈습니다. 그러면서 나, 이사도 다른 나라에서 온 자라는 말을 덧붙였습니다.

구만리 변호사   그래서 어떻게 되었습니까?

이사   진시황의 천하 통일에 도움을 주려고 진나라로 온 나는 하늘이 무너지는 절망감을 느꼈습니다. 그리고 진나라 밖으로 쫓겨 가

는 와중에 「간축객서」라는 상소문을 올렸지요.

판사 「간축객서」요? 그 내용이 무엇이었나요?

이사 요약하자면, 진나라의 역대 선왕들이 진나라에 들어와 벼슬하는 다른 나라 출신 신하들을 멀리했다면 진나라는 결코 천하 통일을 바라볼 정도로 강한 나라가 되지 못했을 거라는 내용이었습니다.

반간계

두 사람이나 나라 따위의 중간에서 서로를 멀어지게 하는 술책을 말합니다.

판사　「간축객서」를 읽은 진시황은 그 후에 어떻게 했습니까?

이사　진시황은 나의 상소를 읽고 크게 깨달아, 곧 축객령을 거두고 사방으로 사람을 보내 나를 데려오도록 했습니다. 나는 돌아오자마자 진시황에게 진나라가 천하를 도모한 지 이미 여러 해가 되었는데 왜 다른 6국이 부강해지는 것을 앉아서 구경만 하고 있느냐고 말했습니다. 이렇게 잠자코 앉아 있다가 다른 6국이 힘을 합칠지도 모른다고 경고했지요.

구만리 변호사　진시황이 뭐라던가요?

이사　나에게 6국을 통일하려면 어떻게 해야 하는지 물었습니다. 그래서 나는 사람들을 시켜 재물을 가지고 각 제후국에 가라고 건의했지요. 각 제후국의 유명 인사들 중 돈으로 매수할 수 있는 자에게는 재물을 후하게 주어 서로 사귀고, 매수를 거부하는 자는 가차 없이 제거하라고 일렀습니다. 이에 그의 지시를 받은 천하의 유세객들이 각국으로 가 재물을 뿌리며 활약했습니다. 이것이 진시황의 천하 통일에 결정적인 배경이 되었습니다.

한필기 변호사　이보시오, 증인! 증인은 지금 첩자를 보내 이간질이나 하는 **반간계**를 정치에 끌어들인 것을 자랑하고 있습니다. 이런 비열한 수법을 제안한 증인이나, 이를 받아들인 진시황이나 한심하기 짝이 없군요. 피고 사마천이 원고 진시황의 천하 통일 과정에 비판적인 입장을 보인 것도 이와 무관하지 않습니다.

구만리 변호사가 한필기 변호사의 말이 끝나기를 기다
렸다는 듯이 즉각 반박하고 나섰다.

도량형
물건의 길이나 부피, 무게를 재
는 기준을 말합니다.

구만리 변호사　　판사님, 이의 있습니다. 피고 측 변호인은
지금 말꼬리를 물고 늘어지는군요! 현실과 이상은 다릅니다. 정치는
어디까지나 현실입니다. 전국 시대 말기와 같이 극도로 혼란한 상황
에서는 어쩔 수 없이 반간계를 사용할 수밖에 없었습니다. 만일 당
시 진시황이 이사의 계책을 받아들이지 않고 전쟁을 벌여 6국을 제
압하려 했다면, 진나라는 물론이고 나머지 6국이 모두 엄청난 피를
흘려야 했을 것입니다. 또한 ▶이사는 법가 사상을 이용하여 진시황
이 여러 나라를 병합하는 것을 도왔고, 승상으로서 군현제
를 실시하고 문자와 도량형을 통일하는 등 통일 제국을 만
드는 데 크게 공헌했습니다. 이런 증인에게 한심하다니요!

판사　　구만리 변호사, 마침 잘 말했습니다. 안 그래도 그
에 대해 좀 더 변론해 주기를 바랐습니다. 진시황의 그러
한 정책은 통일에 크게 기여한 것으로 알고 있는데요. 증
인이 이에 대해 좀 더 자세히 설명해 주세요.

이사　　중국 최초의 통일 국가인 진나라에는 당시 다양한
문화와 종족이 섞여 있었습니다. ▶▶그래서 제후국마다 문
자, 화폐, 도량형 등이 달랐는데, 진시황은 이를 하나로 통
일했습니다. 진시황은 수레바퀴의 폭을 통일하고 도로를
만들어 교통의 흐름도 원활하게 했지요. 또한 넓어진 영토

교과서에는

▶ 진시황은 이사를 등용해
법치주의적인 개혁을 실행
하여 중국 통일을 완수했습
니다.

▶▶ 진시황은 봉건제를 폐
지하고 전국적으로 군현제
를 실시했습니다. 이에 따
라 대대로 자신의 영역을
다스리던 제후들이 세력을
잃었고, 황제가 임명한 관
리들이 각 지방을 다스리게
됐습니다. 또한 진시황은
법가 사상을 중심으로 학문
과 사상을 통일하고자 했
고, 지방마다 달랐던 화폐
와 문자, 도량형을 통일했
습니다.

를 다스리기 위해 전국을 36개의 군과 여러 개의 현으로 나눈 후, 황제의 명을 받은 관리를 보내 다스리도록 했습니다. 이것이 바로 군현제입니다. 군현제 덕분에 황제의 명령이 지방까지 전달될 수 있었던 것이지요.

구만리 변호사　　아주 강력한 정책들이었군요. 당시는 여러 나라들이 서로 힘을 다투던 혼란스런 시대였습니다. 진시황이 이사를 승상으로 발탁해 강력한 정책을 펼치지 않았다면 결코 진나라는 통일을 이룰 수 없었을 것입니다. 그런데 이러한 상황도 모른 채 진시황을 폭군이라 말한다면 이는 정말 하나는 알고 둘은 모르는 격일 테지요.

한필기 변호사　　판사님, 증인 이사는 진시황에게 실용 서적이 아닌 사상을 다루는 책들을 모조리 불태우고, 유학자들을 산 채로 땅에 묻는 분서갱유(焚書坑儒)를 권해 이를 실시했습니다. 강력한 법가 사상이란 말은 참 좋습니다. 그런데 진나라를 일괄적으로 통합하는 데 방해가 된다는 이유로 죄 없는 사람까지 죽이기를 권했던 이사와 진시황의 선택이 과연 옳은 것일까요?

제가 반대 신문하도록 하겠습니다.

이사가 진시황에게 올린 「간축객서」

이사는 진나라에서 쫓겨날 위기에 처하자 피 끓는 심경으로 상소문을 올렸는데, 이 글을 「간축객서(諫逐客書)」라고 합니다. 학자들은 이 「간축객서」를 삼국 시대 제갈량이 쓴 「출사표」에 버금가는 명문으로 평가하지요. 내용을 살펴볼까요?

"예전에 진 목공은 사방에서 인재를 찾아 등용해 주변의 20개 나라를 합병하고 서쪽의 패자가 되었습니다. 진 효공은 상앙의 변법을 채택하고 제후들을 제압하여 오늘과 같이 진나라가 잘 다스려질 기반을 마련했지요. 진 소양왕은 범수를 얻어 왕권을 강하게 만들고 권세를 지닌 귀족들이 저지르는 불법 행위를 막았습니다.

이를 보건대 다른 나라에서 온 빈객들이 어찌 진나라에 해를 끼칠 리 있겠습니까? 무릇 아름다운 여인과 음악, 구슬, 옥과 같은 것은 진나라에서 난 것이 아닌데도 대왕이 많이 사용합니다. 그러나 인재의 임용은 이와 달라, 옳고 그름을 논하지도 않은 채 진나라 출신이 아니면 무조건 쫓아내고 있습니다. 제가 듣건대 '태산은 모든 토양을 가리지 않고 받아들여 그같이 크게 되고, 강과 바다는 작은 시냇물도 가리지 않고 받아들여 그렇게 깊게 되었다'고 했습니다. 그런데 백성을 버리는 것도 적국을 도와주는 것인데, 지금 대왕은 찾아오는 신하들을 물리쳐 다른 제후들이 업적을 쌓도록 도와주고 있습니다. 소위 '도적에게 군사를 빌려 주고, 양식을 집어 준다'고 한 것이 바로 이를 두고 이르는 말입니다."

2 진시황은 왜 한비자를 죽게 했을까?

변론을 마친 구만리 변호사가 자리에 앉자, 한필기 변호사가 반대 신문을 청했다. 판사의 허락을 받은 한필기 변호사가 증인 이사에게 물었다.

한필기 변호사   증인은 한비자라는 인물을 알고 있지요? 한비자는 원래 한나라의 왕족인데, 젊은 시절 증인인 이사와 순자에게 가르침을 받아 훗날 법가 사상을 완성시킨 대표적인 인물로 알려져 있지요.

이사   네, 잘 알고 있군요.

한필기 변호사   그런데 이처럼 박식한 학자가 원고 진시황에 의해 죽음을 강요받아 안타깝게도 옥중에서 스스로 목숨을 끊었습니다. 증인은 한비자의 죽음에 대해 어떻게 생각합니까?

이사　나도 함께 공부한 한비자가 옥중에서 자살한 것을 안타깝게 생각합니다. 그러나 피고는 『사기』의 「노자 한비 열전」에서 "이사는 스스로 한비자보다 못하다고 생각했다"며 마치 내가 한비자를 질투해 그를 죽인 것처럼 적어 놓았습니다. 실제로 많은 사람이 이 대목을 보고 마치 내가 그를 함정에 빠뜨린 것처럼 오해하고 있습니다. 그러나 이는 사실과 다릅니다.

한필기 변호사　그럼 증인은 한비자와 어떤 사이였나요? 당시 상황을 자세히 설명해 주시지요.

이사　원래 한비자는 한나라의 여러 사상가 중 한 명이었습니다. 그는 기존의 법가 사상을 집대성할 정도로 머리가 비상했습니다. 당시 한비자는 한나라가 극도로 쇠약해지는 것을 우려해 왕에게 수차례에 걸쳐 부국강병의 계책을 담은 상소문을 올렸습니다. 하지만 한나라 왕은 이를 받아들이지 않았지요. 그는 왕이 인재를 널리 구하기는커녕 무능한 인물들만 중용하는 것을 보고 크게 절망했습니다.

한필기 변호사　그런데 한나라 사람인 한비자가 진나라에서 죽은 이유는 무엇입니까?

이사　여불위가 스스로 목숨을 끊은 지 2년 뒤인 진시황 14년(기원전 233년)에 그는 한나라 사신의 자격으로 진나라를 찾아왔습니다. 당시 한나라 왕은 진나라가 자기네 나라를 **병탄**할 것을 우려한 나머지 땅과 옥새를 진나라에 바치면서 스스로 진나라의 신하가 되겠다고 청했습니다. 한비자는 이것을 전달하기 위해 진나라에 왔던 것이

병탄
다른 나라의 영토와 재물을 한데 아울러서 자기 것으로 만드는 것을 말합니다.

지요. 그런데 그는 진나라에 온 지 얼마 되지 않아 진시황에게 글을 올렸습니다.

한필기 변호사　한나라의 사신이 진나라의 황제에게 글을 올렸다고요? 그 글은 어떤 내용이었나요?

이사　한비자는 "지금 진나라는 영토가 사방 수천 리이고, 군사는 100만 명에 달하며, 그 기세가 천하의 어느 나라에도 뒤지지 않습니다. 저는 죽음을 무릅쓰고 대왕을 뵙고 합종책(合縱策)을 깨뜨릴 계책을 바치고자 합니다. 만일 저의 계책을 이용해 일거에 합종책을 깨지 못하거나 제후국들이 신하를 칭하며 조공하지 않으면, 곧바로 저를 참수하여 그 시체를 전국에 돌림으로써 불충의 경계로 삼도록 하십시오"라고 했습니다. 진시황은 이를 보고 크게 기뻐했지요.

한필기 변호사　마침 진시황도 한비자가 매우 현명하다는 이야기를 듣고 한비자를 한번 만나 보고 싶어 했다고 들었습니다. 그런데 진시황은 그를 진나라 신하로 받아들이지는 않았습니다. 이는 무슨 뜻입니까?

이사　당시 진시황은 6국 중 가장 미약한 한나라부터 병탄할 생각을 품고 있었습니다. 그런데 뛰어난 계책을 가진 한비자가 조국을 위해 일할 것을 우려해 그를 등용하지 않은 것입니다. 실제로 진나라는 이 일이 있은 지 3년 후 한나라를 병탄했습니다. 진시황은 이미 오래전부터 천하를 통일할 뜻을 품고 있었던 것입니다. 그런 점에서 한비자의 죽음은 피할 수 없었습니다.

한필기 변호사   증인은 함께 공부한 친구를 죽음으로 몰아넣고도 여전히 변명만 하고 있군요!『사기』의「이사 열전」에는 증인이 진시황에게 "한비자는 한나라를 위해 일하지, 결코 진나라를 위해 일하지 않을 것입니다. 그러니 대왕이 그를 등용하지 않은 채 오래 진나라에 머무르게 하다가 돌려보내면 장차 큰 우환이 될 것입니다. 차라리 법을 적용해 처벌해야 합니다"라고 말했다고 나와 있습니다. 증인이 애초에 한비자를 죽이려 했다는 것은『자치통감』에도 잘 나와 있습니다. 특히『자치통감』은 엄정한 사료 선택으로 명성이 높은 사서입니다. 증인은 이 기록도 부인할 생각입니까?

이사   나도『자치통감』이 엄정한 사료 선택으로 유명하다는 것을 알고 있습니다. 그러나 사마광이『자치통감』에서 한비자를 비난한 다음 대목에 주목할 필요가 있습니다. "한비자는 진시황을 찾아와 자신의 조국을 멸망시킬 계책을 냈으니, 그 죄는 죽어도 용서받지 못할 만한 것이다. 그러니 어찌 그의 죽음을 가련히 여기겠는가"라고 말했지요. 사마광이 지적했듯이 당시 한비자는 진시황에게 "저의 계책을 사용해 한나라를 멸망시키지 못할 경우 목을 베도 좋다"고 장담한 바 있습니다. 자신의 조국을 배반하며 진시황에게 계책을 바치는 자를 어찌 믿고 진나라 일을 맡기겠습니까?

한필기 변호사   증인은 계속해서 자신이 옳았다면서 변명만 늘어놓고 있군요. 그런 증인도 진시황이 죽은 후 환관 조고의 꼬임에 빠져 자신은 물론이고 증인의 부모와 형제, 처자식까지 죽음으로 내몰지 않았습니까? 그런데 자신의 조국인 한나라도 아닌 진나라를 위해 한비자가 충언을 했는데도 이를 빌미로 그를 죽인 것은 참으로 이해가 되지 않는 부분입니다. 판사님, 이처럼 원고를 비롯해 원고가 신임했던 증인 이사 또한 역사적으로 칭송받을 만한 인물이 되지 않는다는 것을 다시 한 번 말하고 싶습니다.

이사 음……. 내가 조고의 꼬임에 빠져 죽게 된 것은 달리 변명할 길이 없습니다. 조고를 미리 제거하지 못한 나의 불찰입니다. 하지만 한비자를 없앤 것은 속히 천하 통일을 이루고자 하는 충심에서 나온 것입니다.

구만리 변호사 판사님, 이의 있습니다. 피고 측 변호인은 집요하게 유도 신문을 하여 증인으로부터 유리한 증언을 이끌어 내려 하고 있습니다.

판사 받아들입니다. 피고 측 변호인은 유도 신문을 삼가기 바랍니다.

왜 진시황은 만리장성을 쌓았을까?

3

연나라의 태자는 왜
진시황을 죽이려 했을까?

판사가 한필기 변호사를 제지했음에도 불구하고 방청석에서 웅성거리는 소리가 그치지 않자, 한필기 변호사는 은근슬쩍 일어나 다시 변론을 이끌어 갔다.

한필기 변호사　원고 측에서는 그런 도덕적이지 못한 계책을 사용할 수밖에 없었다고 주장하지만 이는 변명에 불과합니다. 정당하지 않은 방법으로 천하 통일을 꾀함에 따라 왕과 신하뿐 아니라 백성의 도덕성이 마비되어 나라가 혼란스러워졌지요. 새로운 증인의 증언을 통해 이를 증명하겠습니다. 판사님, 연나라의 태자 단을 불러 주시기 바랍니다.

죽마고우
대나무 말을 타며 함께 놀던 옛 친구라는 뜻으로, 어릴 때부터 친하게 지낸 오랜 친구를 의미합니다.

연나라의 태자 단이 나와서 증인 선서를 마치자 한필기 변호사가 다가갔다.

한필기 변호사   증인은 간략히 자기소개를 해 주세요.

태자 단   나는 원고 진시황이 재위하던 시절 연나라를 다스리던 연나라의 왕 희(喜)의 아들이오. 아버지는 즉위하자마자 나를 태자로 삼았소. 그러나 우리 연나라가 힘이 약했던 까닭에 나는 어렸을 때 조나라에 볼모로 가 있어야 했지요. 원고 진시황의 아버지이자 훗날 진나라의 장양왕이 된 이인도 나와 비슷한 처지로 그곳에 볼모로 와 있었소. 나이가 비슷했던 우리는 동병상련의 입장에서 서로 사이좋게 지냈소이다. 그러다 이인은 진나라로 돌아가 왕이 되었고, 나 또한 연나라로 돌아가게 되었소. 그때 나는 동병상련의 처지였던 이인이 왕이 된 사실에 크게 기뻐했소.

한필기 변호사   그런데 연나라로 돌아갔던 증인이 이번에는 진나라에 볼모로 가게 되었지요? 어떻게 된 일입니까?

태자 단   우리 연나라가 힘이 약했기 때문에 그렇게 되었소. 하지만 그때 나는 크게 걱정하지 않았소. 진나라의 왕이 된 이인이 나를 죽마고우(竹馬故友)로 대우해 줄 것이라 믿었기 때문이오. 그러나 이인은 이런 나의 기대를 저버렸소. 그는 나를 볼모로 대하지는 않았으나 예로써 대하지도 않았소.

한필기 변호사   몹시 서운했겠는데요?

태자 단   내심 불쾌했소. 얼마 후 그의 아들이 보위에 올라 진시황

이 되었는데, 그 역시 부왕인 이인과 마찬가지로 나를 예로써 대해 주지 않더군. 나는 마침내 진시황 15년(기원전 232년)에 진나라가 조나라와 전쟁을 벌여 정신이 없는 틈을 타 나의 조국인 연나라로 도망쳤소. 그러고는 의리를 저버린 진시황과 그의 무리를 응징하기 위해 은밀히 자객 형가를 보냈지요.

한필기 변호사　증인은 형가를 보내 진시황을 살해하려고 했지만 실패했지요?

태자 단　그렇소. 당시 가까스로 목숨을 구한 진시황의 노여움은 대단했지. 화가 난 진시황은 속히 우리 연나라를 토벌하라고 명했

소. 결국 1년 뒤 연나라의 도성이 함락되었지. 당시 나는 부왕과 함께 랴오둥 지역으로 도주했으나 이내 진나라 군사에게 붙잡혀 죽고 말았다오. 진시황을 암살하는 데에는 비록 실패했으나, 지금까지도 나는 옳은 일을 했다고 자부하오.

한필기 변호사　　존경하는 판사님! 지금 증인이 스스로 자부심을 느꼈다고 한 대목에 주목해 주시기 바랍니다. 진시황은 이사를 발탁해 분서갱유를 저질렀습니다. 그리고 한비자를 죽음으로 내몰았지요. 거기다 연나라의 태자 단은 자객을 시켜 진시황을 죽이려고 했습니다. 이 모든 것이 무엇을 말하는 것이겠습니까? 진시황은 피고인 사

　　왜 진시황은 만리장성을 쌓았을까?

마천이 말한 대로 폭군에 지나지 않는다는 사실입니다. 피고 사마천이야말로 원고 진시황을 『사기』에서 제대로 평가한 것이지요.

한필기 변호사의 말이 끝나자마자, 구만리 변호사가 자리를 박차고 일어나며 말했다.

구만리 변호사　잠깐만요, 판사님! 증인이 언급한 자객 형가는 지금으로 말하면 테러리스트와 같은 자입니다. 그런데도 피고 사마천은 특별히 「자객 열전」을 써서 증인과 같은 테러리스트를 미화했습니다. 봉건제를 무너뜨리고 새로운 시대에 부응하는 제왕정이 절실히 요구되었던 당시의 상황에 비춰 보면 증인이 진시황을 죽이려던 계략이야말로 역사의 흐름을 거스르는 행위였습니다.

판사　원고 측 변호인은 진정하세요. 양측 변호인은 모두 모욕적인 발언을 삼가 주세요. 에헴!

구만리 변호사　판사님, 저는 일부러 모욕을 주려는 것이 아닙니다. 전한 제국 말기의 학자 **양웅**도 『법언』에서 "형가가 자객이 되어 진시황을 살해하려다가 죽은 것을 두고 모두 의롭다고 할 수는 없다. 형가는 군자의 입장에서 볼 때 일개 도적에 불과할 뿐이다"라고 한 바 있습니다. 양웅이 형가를 비판한 것은 곧 사마천에 대한 비판이기도 하지요. 이로 미루어 볼 때 피고가 얼마나 편파적으로 당시의

양웅

한나라를 대표하는 학자이자 문인입니다. 쓰촨 성 청두에서 출생한 그는 청년 시절에 동향의 선배인 사마상여의 인정을 받아 한 성제 때 궁정 문인의 한 사람이 되었습니다. 『법언』은 『논어』의 문체를 모방한 그의 대표작입니다. 왕망이 정권을 찬탈해 신나라를 세우자 이를 찬미하는 문장을 지었는데, 이것 때문에 성리학이 성립된 이후 비난의 대상이 되기도 했습니다. 하지만 그의 식견만큼은 한나라를 대표할 만했습니다.

사건을 바라보고 있었는지를 알 수 있지 않습니까?

방청객들이 웅성거렸다.

"사마천이 연나라의 자객 형가를 미화한 것은 지나친 일 같군."

"무슨 소리야! 진시황의 천하 통일 계획 자체가 반간계를 사용하는 등 부도덕한 방법으로 이뤄지고 있었잖아."

"아니야, 그것은 피를 덜 흘리기 위해 어쩔 수 없는 일이었다고 보아야 해!"

판사 피고와 원고 측 변호인의 논쟁이 너무 길어져 이대로 가다간 끝이 없을 것 같군요. 지금까지 양측의 얘기를 모두 들어 보았는데요. 오늘 재판에서는 원고가 천하 통일 계획을 서두르게 된 과정, 연나라 태자 단이 자객 형가를 동원해 원고를 살해하려 한 배경 등을 알아보았습니다. 본 법정은 마지막 재판에서 원고 진시황이 강압적인 통치를 펼친 이유에 대해 알아보고 최종 판결을 내리도록 하겠습니다. 오늘은 이것으로 마치지요.

땅, 땅, 땅!

다알지 기자

시청자 여러분, 안녕하세요. 법정 뉴스의 다알지 기자입니다. 진시황 대 사마천의 두 번째 재판에서는 진시황이 법가 사상에 입각해 무력 통일을 시도하면서 썼던 통일 정책과 그 결과에 대한 분명한 입장 차이가 나타났는데요. 진시황의 고위 관리였던 이사와 연나라의 태자 단이 증인으로 나와 원고 측과 피고 측의 공방에 불을 붙였지요. 이사는 진나라가 천하를 통일하고 제도를 정비하는 데에 자신이 큰 공헌을 세웠다고 밝히며, 원고 진시황에게 제안한 계책에 대해 증언했습니다. 반면 태자 단은 진시황의 아버지가 어려운 때를 함께 보냈던 자신을 저버린 데 대해 괘씸함을 표했습니다. 그럼 양측 변호사를 만나 볼까요?

구만리 변호사

앞서 재판에서도 말했지만, 정치는 어디까지나 현실입니다. 피고 측은 자꾸 이사의 계책이 반간계라며 깎아내리는데, 전국 시대 말기와 같이 극도로 혼란스러운 상황에서는 그러한 계책을 쓸 수밖에 없었습니다. 만일 진시황이 이사의 계책을 받아들이지 않고 전쟁을 벌였다면, 진나라는 물론 나머지 여섯 나라 모두 엄청난 피를 흘려야 했을 것입니다. 진시황은 최초로 중국을 통일한 이후, 군현제를 실시하고 문자와 도량형을 통일하는 등 잠도 자지 않고 국가의 발전을 위해 힘쓴 군주였습니다. 피고 사마천의 기록은 이러한 진시황의 업적을 왜곡하고 깎아내린 엉터리 역사서입니다.

왜 진시황은 만리장성을 쌓았을까?

한필기 변호사

　오늘 증인으로 나온 이사의 증언을 통해,
진나라가 천하 통일을 이루면서 반간계를 쓰
는 등 부도덕한 짓을 많이 저질렀다는 것을 알 수
있었습니다. 이사의 비열한 계략으로 인해 법가를 집
대성한 한비자도 죽음을 면치 못했지요. 한비자가 죽게 된 이유는 증
인 이사의 이간질 때문입니다. 『자치통감』에 자세히 기록되어 있지요.
피고 사마천도 『사기』에 그와 같은 내용을 남겼을 뿐인데 왜 『사기』를
엉터리라고 하는지 도저히 이해할 수 없군요. 원고 진시황이 천하 통
일을 이루려던 때는 물론이고 통일 이후까지 부정적인 평가를 받은 것
은 명백한 사실입니다. 사마천은 이런 시대정신을 반영해 원고 진시황
을 폭군으로 규정했던 것이고요. 또한 증인으로 나온 연나라의 태자
단의 생생한 증언이 이를 증명해 주었습니다.

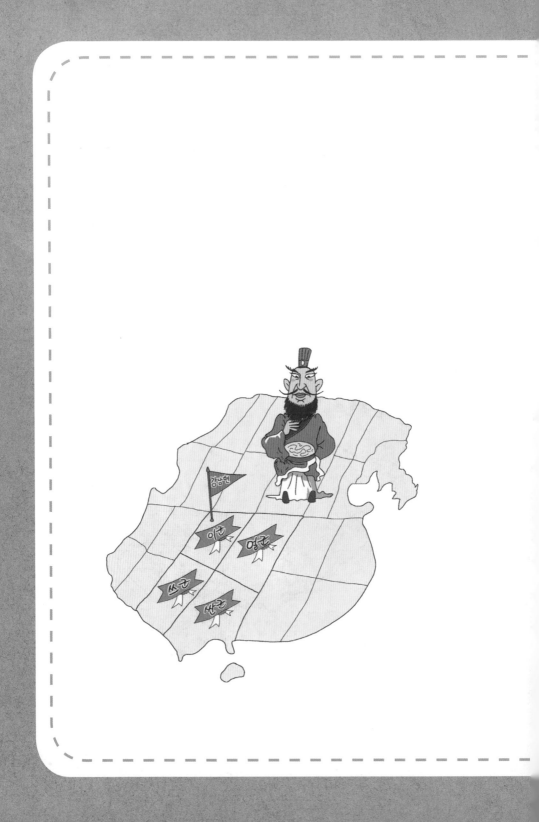

진시황은 왜 강압적인 통치를 펼쳤을까?

1

진시황은 왜
만리장성을 쌓았을까?

판사　　진시황 대 사마천의 마지막 재판을 시작하겠습니다. 먼저 원고 측 변호인부터 시작하기 바랍니다.

구만리 변호사　　존경하는 판사님! 원고 진시황을 폭군이라 부르는 결정적인 이유로 만리장성을 짓고 분서갱유한 사건을 꼽는 것은 잘 알고 계시리라 생각합니다. 원고는 지금도 당시의 상황에서는 이런 강압적인 조치가 불가피했다는 생각을 가지고 있습니다. 오늘은 지난 재판에서 증언해 주신 이사를 다시 불러 이를 확인하도록 하겠습니다. 판사님, 이사를 증인으로 불러 주시기 바랍니다.

이사가 다시 증인석으로 나오자 구만리 변호사가 물었다.

구만리 변호사　　지난 재판에서 증인은 진시황이 천하를 통일하는 데 큰 역할을 했다는 것을 알렸습니다. 그리고 진나라가 통일을 이룬 이후에 증인의 활약은 더욱 대단했다고 들었습니다. 그 내용을 간략히 말씀해 주시지요.

이사　　허허, 뭐 활약이랄 것까지야……. 진시황은 나의 계책에 따라 진나라를 탄탄하게 다스리는 동시에 첩자들을 각국에 보내 내분을 유도했지요. 가장 대표적인 사례가 제나라입니다. 당시 제나라의 관리인 후승은 진나라 첩자로부터 많은 뇌물을 받고 제나라의 왕 건에게 진나라와 우호 관계를 유지할 것을 건의했습니다. 그래서 제나라의 왕 건은 산둥의 5국이 진나라의 침공으로 곤경에 처해 있을 때 팔짱을 끼고 방관하는 자세를 취했지요. 그는 후승의 말만 믿고 한나라와 위나라를 돕지 않고 오히려 이웃 나라가 하나씩 망할 때마다 진나라에 사신을 보내 축하했습니다.

구만리 변호사　　그래서 짧은 시간에 진나라는 여섯 나라를 모두 평정한 거군요.

이사　　네. 기원전 230년의 한나라 공격을 시작으로 마지막 제나라에 이르기까지 원고는 불과 10년 만에 여섯 나라를 모두 누를 수 있었지요. 원고는 천하 통일에 성공하자 곧바로 통일 제국의 기초를 다졌습니다.

구만리 변호사　　원고가 어떤 조치를 취했는지 자세히 설명해 주시지요.

이사　　진시황은 가장 먼저 왕권을 확립했습니다. ▶그는 스스로 자신이 이룬 공이 옛날 전설 속 세 명의 어진 임금인 3황(三皇 : 복희, 신농, 황제)과 5제(五帝 : 소호, 전욱, 제곡, 당요, 순)를 능가한다고 여기고 자신의 칭호를 '황제'로 바꿨습니다. 그리고 최초의 황제라는 뜻으로 자신을 '시황제(始皇帝)'라고 부르게 했지요. 마침내 그는 선왕인 장양왕을 태상황(太上皇)이라고 칭하면서, "죽은 뒤 생전의 행적을 가지고 정하는 것이 시호이다. 그러나 이는 결국 아들이 아비를 논하고 신하가 군주를 논하는 것이니 앞으로 이러한 법을 없앤다. 나는 첫 번째 황제인 시황제가 되니 후세는 순서대로 2세와 3세가 되며, 만세(萬世)에 이르기까지 이를 무궁히 전하라"고 명했습니다.

구만리 변호사　　그래서 이때 처음으로 황제라는 칭호가 등장한 것이군요.

이사　　그렇지요. 한편 진시황은 넓어진 영토를 과연 어떤 방식으로 통치할 것인가 하는 문제로 고민이 컸습니다. 당시 관원들의 대다수는 연·제·초나라의 땅이 모두 먼 곳에 있어 왕을 두지 않으면 이를 다스릴 수 없다고 했습니다. 그들은 주나라 때 행해진 봉건제를 다시 채택하고 여러 자제들 가운데 적임자를 골라 이들 지역의 왕으로 세울 것을 건의했지요. 이에 진시황은 백관들을 모아 놓고 회의를 열었는데, 그곳에서 나는 봉건제를 정면으로 반박했어요.

구만리 변호사　　증인은 왜 그 의견에 반대했나요?

이사　　진나라가 천하를 통일하기 전, 주나라는 왕실의
자제들과 친척들을 제후로 봉했습니다. 그런데 제후의 자
리는 세습되었으므로 대가 거듭될수록 이들은 왕실과 사
이가 멀어져 서로를 마치 원수처럼 여겼습니다. 그래서 나
는 중앙 집권적 군현제를 도입해야만 천하를 쉽게 통제할 수 있고,

당시 진나라는 기존의 화폐를 모두 없애고 바깥은 둥글고 안은 네모난 모양의 반량전(半兩錢)으로 화폐를 통일히였습니다. 그 후 부피와 무게를 재는 새로운 방식을 전국 각지에 배포했지요. 하지만 최근의 고고학적 성과로 대다수의 반량전이 옛 진나라의 영토에서만 출토되고, 크기와 중량 또한 서로 다르다는 사실이 드러났습니다. 이는 화폐 및 도량형의 통일이 철저히 완성되기도 전에 진나라가 망했기 때문이지요.

▶ 진시황은 전국을 통일한 직후 다섯 차례에 걸쳐 전국 여행을 했습니다. 진시황의 여행로를 따라 도로망이 정비되었는데, 도로의 넓이가 70미터이고 지면보다 7미터 높았으며, 길가를 따라 소나무가 심어졌습니다.

누구도 감히 다른 뜻을 품지 않을 것이라고 생각했습니다.

구만리 변호사 그러니까 요지는, 중앙 집권의 군현제로만 새로운 제국의 체제를 굳건히 유지할 수 있다는 것이군요?

이사 그렇지요. 군현제는 전국을 '군'으로 가르고 이를 다시 '현'으로 나눠, 중앙 정부에서 지방관을 보내 직접 다스리던 제도입니다. 이로써 진시황은 강력한 중앙 집권 국가를 세울 수 있었지요. 제왕의 명에 의해 전국이 똑같이 움직이는 제왕정이 처음으로 역사 무대에 등장하게 된 것입니다.

구만리 변호사 당시 진시황은 제왕정을 굳건히 다지기 위해 문자를 통일하는 등 여러 조치를 취했습니다. 증인은 이런 조치를 결정할 때에도 깊이 관여하였지요?

이사 그렇습니다. 문자의 통일은 중앙 집권 체제를 유지하기 위해 꼭 필요한 일이었기에 나는 소전(小篆)이라는 공식 문자를 고안했지요. 또 당시에는 문자뿐만 아니라 **도량형과 화폐의 통일**도 매우 시급한 과제였습니다. 언제 어디서건 문자, 도량형 및 화폐의 통일은 강력한 통일 제국에 의해서만 가능한 것이지요.

구만리 변호사 또 어떤 것들이 있었나요?

이사 ▶진나라는 교통도 발달했습니다. 중앙 조정의 명령을 가장 빠른 시간 내에 지방에 전달하기 위해 도로를

새로 건설하였지요. 이를 통해 지방을 효과적으로 통제할 수 있었습니다. 전국의 수많은 부잣집들을 도성인 셴양 주변으로 강제 이주시킨 것도 지방 세력을 약화시키기 위한 것이었어요. 일반인이 갖고 있는 무기를 모두 거둬들인 뒤 이를 녹여 동상을 만든 후 셴양에 갖다 놓은 것도 같은 목적이었고요. 이렇듯 원고의 중앙 집권화 정책

아방궁

아방궁은 진시황이 기원전 212년
에 지은 화려한 궁전이지요.

을 평가할 때는 당시의 시대적 상황을 반드시 감안해야 합니다.

　　구만리 변호사는 진시황의 업적을 잘 밝혀 낸 듯해 스스로 뿌듯한 마음이 들었다. 구만리 변호사가 자리로 돌아가자 한필기 변호사가 손을 들어 신문할 의사를 밝혔다. 판사의 허락을 받은 한필기 변호사가 원고 측 증인 이사에게 다가가 물었다.

한필기 변호사　　하지만 ▶진시황은 자신의 권력을 과시하기 위해 **아방궁**과 만리장성을 짓는 등 대규모 공사를 실시해 백성을 고통스럽게 했습니다. 증인은 얼마나 많은 백성이 만리장성을 쌓다가 죽었는지 알고 있습니까? '맹강녀의 전설'을 모른다고 하지는 않겠지요? 그것이 바로 원고가 폭군이었다는 명백한 증거가 아니고 무엇이겠습니까?

이사　　나도 알고 있습니다만, 그것은 진나라를 못마땅하게 생각한 자들이 지어 낸 이야기일 뿐입니다. 맹강녀 전설은 『춘추 좌전』「노양공 23년」에 나오는 제나라 대부 기식과 그의 아내에 관한 얘기가 전설로 전해지는 과정에서 나온 것에 불과합니다.

청나라 원요가 그린 〈아방궁도〉

한필기 변호사　　그것을 과연 지어 낸 얘기라고 할 수 있을까요? 어쨌든 만리장성을 축조하면서 수많은 백성들이 희생당한 것은 분명하지 않습니까?

이사　　만리장성은 제국의 안전을 위해 꼭 필요한 것이었습니다. ▶▶당시 하나로 통합된 흉노족은 막강한 무력을 배경으로 중국의 북쪽을 수시로 침공했지요. 진시황은 이를 우려해 농서군에서 랴오둥에 이르는 총 5,000여 킬로미터의 장성을 만들게 한 것이지요. 이는 여러 나라가 쌓아 둔 장성을 연결한 것입니다. 이 과정에서 다소 무리가 있긴 했습니다. 하지만 제국의 미래를 위해서는 꼭 필요한 사업이었습니다.

한필기 변호사　　존경하는 판사님! 증인은 변명만 늘어놓고 있습니다. 사실 만리장성은 원고가 시행했던 거대한 토목 공사 중 하나에 불과합니다. 당시 원고는 세 가지 거대한 토목 공사를 밀어붙이고 있었습니다. 만리장성을 비롯해 여산릉과 아방궁의 건설이 그것입니다. ▶▶▶여산릉과 아방궁은 모두 천하 통일 이후 불과 10여 년밖에 안 되는 짧은 기간에 지어졌는데, 이런 대규모 토목 공사가 한꺼번에 진행되니 백성들은 얼마나 힘들었겠습니까? 이러니 진나라가 건국 직후 이내 패망하게 된 것입니다. 진나라가 망하지 않았다면 오히려 그게 이상한 일이지요.

"통일 이후에도 백성의 생활이 고달픈 건 마찬가지였군."

교과서에는

▶ 진시황은 수도에 큰 궁궐을 짓고, 자신이 묻힐 엄청난 규모의 무덤을 만들었으며, 이민족의 침략을 막기 위해 만리장성을 쌓는 등 대규모 토목 공사를 거듭했습니다.

▶▶ 진시황은 북쪽 초원 지대에 쳐들어가 흉노를 멀리 밀어냈습니다. 그러고는 전국 시대에 여러 나라가 쌓아둔 장성들을 연결하여 만리장성을 건설했지요.

▶▶▶ 진나라에서는 지나치게 강압적인 정치가 시행되었고, 만리장성과 같은 거대한 토목 공사가 끊임없이 진행되었습니다. 이에 백성들의 원성이 점점 높아져 결국 15년 만에 멸망했지요.

"그러게 말이야. 공사장에서 일도 해야 하고, 무거운 세금도 내야 했으니……. 전쟁만큼이나 고통스러웠을 거야!"

방청석이 웅성거리는 동안 한필기 변호사가 뜸을 들이다 다시 말을 이었다.

만리장성과 맹강녀 전설

맹강녀 전설은 2000년 동안 전해지면서 여러 종류가 생겨났으나, 기본 줄거리는 이렇습니다. 결혼한 지 3일밖에 되지 않은 범희량은 만리장성을 쌓는 인부로 선발되어 북쪽으로 끌려가게 되었습니다. 하지만 그는 오래지 않아 굶주림과 심한 노동으로 인하여 죽고 말았지요. 남편의 소식을 들을 길 없던 아내 맹강녀는 겨울 옷가지를 장만하여 고향인 산시 성 통관에서 수천 리 떨어진 산하이관까지 갔습니다. 천신만고 끝에 도착한 그녀는 남편이 과로로 쓰러져 만리장성 돌무더기 밑에 묻혔음을 알게 되었지요. 그녀는 너무 애통한 나머지 만리장성 아래에서 며칠 밤낮을 통곡했습니다. 그러자 만리장성 800리가 허물어지면서 남편의 시신이 모습을 드러냈지요. 그 후 맹강녀는 슬픔을 이기지 못하고 바다에 몸을 던졌습니다. 현재 산하이관 부근에는 후세 사람들이 세운 그녀의 묘가 있습니다. 맹강녀 전설은 무자비하게 진행된 만리장성 축조 작업의 처참한 정경을 전하고 있습니다. 중국에는 이 전설과 관련된 노래가 매우 많으며, 경극도 있습니다.

2

진시황은 왜
분서갱유했을까?

한필기 변호사 　존경하는 판사님, 원고에게 당시의 상황을 자세히 확인하고자 합니다.

　판사의 허락을 받은 한필기 변호사가 원고 진시황에게 다가가 물었다.

한필기 변호사 　원고는 천하 통일 후 영원히 늙지 않고 오래 사는 불로장생(不老長生)을 떠벌리는 **방사**의 말에 속아 많은 재물을 낭비하는 등 어리석은 일을 저지른 바 있습니다. 사실이지요?

진시황 　당시 내가 도교에서 말하는 진리를 깨달은 사람, 즉 진인(眞人)이 되겠다는 생각을 가졌던 것은 사실이오. 지극히 현실주의적인 법가 사상을 신봉한 내가 그같이 황당무계한 생각에 사로잡혔다는 점이 쉽게 이해되지 않겠지. 하지만 당시에는 도가의 신선설(神仙說)이 널리 받아들여지고 있을 때였소.

한필기 변호사 저는 이런 점을 볼 때 원고가 폭군일 뿐 아니라 어리석은 임금, 즉 암군(暗君)이었다고 생각합니다. 원고는 이를 어떻게 생각합니까?

진시황 신선설은 그 이후로도 오랫동안 위세를 떨쳤으며, 100년 뒤에 태어난 전한 제국의 한 무제 또한 불로장생을 믿었소. 지금 돌이켜 보니 당시 내가 처음으로 천하를 통일하자 자만심이 생겨 그런 실수를 한 것도 같소이다. 그러나 실수를 트집 잡아 나를 암군으로 몰아가는 것은 지나친 것 같소.

한필기 변호사 그러나 원고가 방사들에게 사기를 당하는 등 어리석은 행동을 한 것은 부인할 수 없는 사실이지 않습니까? 실제로 이런 어리석음 때문에 민간의 책을 불태우고 수많은 유생들을 구덩이에 묻어 죽이는 분서갱유를 일으켰으니 말입니다. 이에 대한 원고의 생각을 듣고 싶습니다.

판사 분서갱유라고요?

한필기 변호사 그렇습니다. 앞서도 말했듯이 ▶진시황은 법가 사상을 바탕으로 엄격한 정책을 폈습니다. 그러자 유가와 다른 학파에서 이를 비판하는 학자들이 하나둘 나타나기 시작했습니다. 그러자 진시황은 더욱 강력한 방법을

방사
신선의 술법을 닦는 도사를 말합니다.

신선설
중국에서 옛날부터 전해지는 민간 신앙으로, 도교의 기원이기도 합니다. 신선을 믿으며 장생불사를 추구하지요. 가장 크게 성행한 시기는 전국 시대, 진·한나라 때입니다.

암군
혼군(昏君)이라고도 합니다. 사리에 어둡고 어리석은 임금을 가리키지요.

교과서에는

▶ 법가는 부국강병을 이루려면 군주의 권위가 높아지고 엄격한 법치가 시행돼야 한다고 주장했습니다.

써서라도 이들이 함부로 진시황을 비판할 수 없도록 했지요. 그는 의학, 농업 등의 실용적인 책을 제외하고는 거의 모든 책을 불태웠습니다. 그리고 황제인 자신을 비난했다는 이유로 유학자 460여 명을 생매장해 죽이는 잔인함을 보였지요.

"아이고, 끔찍해라. 자신은 죽지 않으려고 불로장생 약초를 구해다 먹으면서 유학자들을 산 채로 죽이다니……!"

"그러게 말이야. 사마천의 말대로 진시황은 폭군이 맞구먼."

방청석 여기저기에서 진시황을 비난하는 소리가 터져 나왔다.

한필기 변호사　분서갱유에서 '분서'란 책을 불태웠다는 뜻이고, '갱유'란 유학자들을 땅에 묻었다는 뜻이지요. 진시황은 자신의 권력을 지키기 위해서라면 수단과 방법을 가리지 않던 아주 무자비한 사람이었습니다.

진시황　이봐요, 한필기 변호사, 말씀 한번 잘하셨소. 아직도 많은 사람이 분서갱유 사건 때문에 나를 폭군으로 매도하지만 여기에는 과장된 면이 있소. 우선 분서갱유 사건은 '분서'와 '갱유' 사건으로 나눠 볼 필요가 있어요. 그 둘이 전혀 다른 사안이라는 것을 이 자리를 빌려 꼭 말하고 싶군.

한필기 변호사　전혀 다른 사안이라고요? 흔히 분서갱유라고 묶어서 말하지 않습니까? 원고가 그렇게 주장하는 이유가 무엇인지 설명해 주시지요.

　왜 진시황은 만리장성을 쌓았을까?

박사

진나라 때 학문을 담당하던 관리를 뜻한답니다.

진시황　　우선 기원전 213년에 행해진 분서 사건은 기존에 알려진 것과 같이 무자비하게 유가의 경전과 각국의 역사서 등을 불태워 버린 사건이 아니오. 당시 내가 따랐던 법가 사상의 기준에서 볼 때 유가는 시대에 뒤떨어진 봉건제를 찬양하고 있었소. 천하가 통일된 상황에서 이미 멸망한 나라의 역사서는 제국의 통일성과 안정을 심각하게 위협할 수 있었지. 당시 승상이었던 이사가 내게 조언하기를, 어리석은 유생들이 사사로운 주장과 비방을 일삼으며 백성의 눈을 흐리게 하고 있으니 장차 커다란 위험이 될 것이라 했소. 그리고 옛것을 숭상하거나 그것을 기준으로 현재를 비난하는 자를 처단해야 하며, 허용되지 않은 책을 소지한 사람이 30일 내에 그 책을 불태우지 않으면 성을 쌓는 노역 형에 처하라고 내게 건의했지.

한필기 변호사　　그래서 원고는 그런 가혹한 일을 벌였나요?

진시황　　그런 면이 있기는 했으나, 나 역시 제국의 안녕을 위해서는 이러한 조치가 필요하다고 판단했소. 사실 공공연히 제국 체제를 비난하는 유생들을 그대로 방치한다면 황제의 권위가 떨어지는 것은 물론, 제국 체제가 뿌리째 흔들릴 우려가 컸지. 중요한 것은 당시 모든 책들을 다 불태우라고 명령한 적이 결코 없었다는 점이오. 이 사건은 진나라 역사책이 아닌 역사서와 **박사**가 아닌 자들이 소유한 제자 백가서를 몰수한 것뿐이었다는 점을 분명히 알아 주시오.

한필기 변호사　　원고는 사상의 통일을 이루기 위해 분서령을 내렸다고 주장하나, 그것은 자신의 뜻에 반대하면 어떻게 되는지를 톡톡히 보여 준 사건이었습니다.

구만리 변호사 판사님, 이의 있습니다! 당시 분서의 대상이 된 모든 책은 수도였던 셴양 황실의 서고와 셴양에 거주하던 70명의 박사들의 개인 서고에 고스란히 보관되어 있었습니다. 이들 박사들이 분서의 대상이 된 서적을 보유할 수 있었다는 사실은 당시 학자들의 연구가 자유롭게 보장되었음을 의미합니다. 피고 측의 주장과는 달리, 정작 유가 경전을 비롯한 책들을 없앤 장본인은 초나라의 항우입니다. 항우가 셴양에 쳐들어와 책을 모두 불태워 버렸고, 그것은 진시황이 이미 죽은 후의 일입니다.

한필기 변호사 흠……, 설령 원고 측의 해명을 인정한다 해도 무고한 학자들을 산 채로 파묻은 갱유령은 어떻게 이해해야 합니까?

진시황 내가 말하겠소. 분서 사건 이듬해에 벌어진 갱유 사건 역시 피할 수 없었소. 갱유 사건은 분서 사건과는 전혀 다른 차원에서 이뤄진 것으로, 결코 유생들만을 생매장한 것이 아니었다오. 당시 이 사건에 우연히도 유생들이 많이 연루된 까닭에, 내가 유생들을 탄압하기 위해 이런 일을 저지른 것처럼 왜곡된 거요.

판사 오해였다니 자세히 말씀해 주시지요.

진시황 당시 민간에서는 불로장생을 떠벌리는 방사들이 마치 제 세상을 만난 듯 마음대로 행동했소. 대표적인 인물이 바로 제나라 출신의 서복과 연나라 출신의 노생이었어요. 서복은 신선이 사는 동쪽 봉래산에서 불사약을 구해 오겠다며 내게서 막대한 돈을 받아 도망간 사기꾼이었고, 서복보다 더 흉악했던 노생은 내게서 받은 돈으로

제생

진한 시대만 하더라도 제생은 유생뿐만 아니라 제자백가의 사상을 공부하는 모든 연구생들을 의미했습니다. 그러나 후대에는 오직 유생만을 뜻하는 것으로 의미가 축소되었습니다. 갱유 사건이 유생들만을 죽인 것으로 오해를 받게 된 이유가 여기에 있습니다.

불사약을 구하기는커녕 오히려 나를 비난하며 도망갔소.

판사　　노생이 뭐라고 원고를 비난했나요?

진시황　　노생은 자신의 사기 행각이 드러날 것을 우려해, "진시황은 불사약을 얻을 자격이 없다"며 나를 비난한 뒤 도주해 버렸소. 뒤늦게 이 소식을 전해 들은 나는 크게 분노했지. 그래서 나는 셴양에서 제자백가 사상을 공부하는 제생들 중 요사스런 말로 백성을 현혹시키는 자가 있는지 조사했소.

판사　　그러니까 원고의 말은 그런 자들 가운데 유생이 많았을 뿐이라는 겁니까?

진시황　　그렇소. 당시 유생들이 제국 체제를 큰 소리로 비판하고 다니지만 않았어도 나는 방사들만 잡아내어 처벌했을 것이오. 그러나 유생들은 평소 제국 체제를 비난하고 다녔고, 그래서 이 사건에 가장 많이 연루되었던 거라오.

　　고개를 끄덕이며 진시황의 설명을 듣던 구만리 변호사가 자리에서 일어나 말했다.

구만리 변호사　　존경하는 판사님! 제가 조금 더 보충 설명을 하겠습니다. 원고 진시황이 폭군으로 매도된 데에는 원고가 죽고 60여 년 뒤에 등장한 한 무제가 이른바 '독존유술(獨尊儒術)'을 선포한 점이 크게 작용했습니다. 독존유술이란 앞으로 오직 유가 사상만을 공식

적인 통치 사상으로 채택할 것임을 선언한 것이었습니다. 이로 인해 원고 진시황이 따랐던 법가 사상은 거론되는 것조차 금지되었지요. 그래서 진시황이 법가 사상에 입각해 채택한 모든 정책과 통치 행위 역시 더욱 비판을 받았고, 진시황은 폭군으로 낙인찍힌 것입니다.

방청석이 술렁였다.

"분서갱유 사건이 과장되면서 진시황이 폭군으로 몰린 측면이 있나 보군!"

"무슨 소리야. 분서갱유 사건은 그의 씻을 수 없는 오점이야!"

진시황   여러분, 부디 제왕정이 나오게 된 배경에 주목해 주기 바라오. 나는 생전에 태평천하를 이루기 위해 매일 똑같은 양의 정해진 과제를 처리했소. 이미 확정된 사안이라 할지라도 철저히 검토하기 전에는 결코 잠자리에 들지 않았소. 나는 10년 동안 무려 다섯 번이나 그 넓은 나라를 구석구석 둘러보았다오. 그러다 결국 기원전 210년 7월, 허베이성 광쭝 현에서 과로로 쓰러져 죽었소. 당시 나는 한창 일할 나이인 쉰 살이었지. 내가 죽고 난 후 비록 진나라는 멸망했지만 제왕정은 20세기 초까지 2000여 년 동안 지속되었소. 이게 무슨 뜻이겠소? 이는 내가 이룩한 제왕정이 봉건제라는 구질서를 개혁하는 데 확실히 성공했음을 보여 주는 거요.

3

진시황은 왜
조고를 신임했을까?

구만리 변호사 원고의 증언은 이미 역사적으로 입증된 것입니다. 다른 이의 증언을 통해 이를 좀 더 설명해 드리지요. 판사님, 당시 진시황을 보필했던 조고를 증인으로 불러 주시기 바랍니다.

조고가 나와 증인 선서를 하고 자리에 앉자, 구만리 변호사가 물었다.

구만리 변호사 증인은 간략히 자기소개를 해 주시겠습니까?
조고 네. 나는 소양왕이 집권할 때, 셴양에서 태어났습니다. 나와 내 형제들은 법을 다루는 관원이었던 아버지에게서 글쓰기와 법률을 배웠지요. 내가 진나라 궁중에 들어간 것은 원고가 직접 나라를 다스린 지 5년째 되던 즈음이었습니다. 나는 능력을 인정받아 황제의 시종 자격으로 어가를 관리하는 중거부령에 임명되었지요. 중거부령이라는 직책은 요즘으로 치면 대통령이 타는 차를 관리하는 책임자라고 할 수 있습니다. 나는 진시황이 천하를 순행할 때마다 앞에서 지휘했는데, 그러던 중 진시황이 갑자기 세상을 떠나자 승상 이사와 상의해 원고의 막내아들 호해를 2세 황제로 받들었습니다.

구만리 변호사　　진시황과 관련된 증언을 하기 전에 한 가지 묻겠습니다. 지금 증인은 중거부령의 자리에 있었다고 말했습니다. 그런데 사람들 대부분은 증인이 환관이었다고 알고 있습니다. 왜 그런 것인가요?

조고　　왜이겠습니까? 저기 나와 있는 사마천이라는 자가 『사기』에서 나를 환관으로 잘못 썼기 때문이지요. 피고 사마천은 '역사학의 성인'이라는 말이 어울리지 않을 정도로 역사 자료를 무책임하게 선택했어요. 그는 나를 제멋대로 권력을 휘두른 환관으로 오해받도록 만들었습니다. 이로 인해 나는 2000년 넘게 추악한 내시로 알려졌고, 내 가족의 명예 또한 땅에 떨어졌습니다. 진시황의 최측근으로 활약했던 나의 형제들이 졸지에 환관으로 잘못 알려진 것은 모두 피고 사마천 때문입니다.

구만리 변호사　　증인의 말대로 피고는 『사기』에 잘못된 내용을 기록했습니다. 그래서 진시황도 폭군으로 매도된 것입니다. 또한 원고가 어리석은 군주였다는 피고 측의 주장에도 문제가 있습니다. 원고 진시황은 증인 조고가 법률, 문자 등에 깊은 조예가 있었기 때문에

왜 진시황은 만리장성을 쌓았을까?

직접 발탁한 것이었습니다. 혼란스런 시기에는 오직 능력만으로 인재를 뽑는 법입니다. 이는 진시황이 어리석은 군주가 아니라 오히려 뛰어난 군주였다는 점을 보여 주지요. 증인은 이에 대해 어떻게 생각합니까?

조고   나를 인재라고 평가해 주니 몸 둘 바를 모르겠네요. 하하. 진시황의 사람 보는 눈은 정말 뛰어났습니다. 한번은 내가 진나라의 법을 어겨 사형에 처할 위기에 놓였는데, 진시황은 비록 법을 엄중히 지켜야 하지만, 작은 잘못을 이유로 인재를 죽일 수는 없다며 나의 죄를 없애 주었습니다. 덕분에 나는 다시 관직으로 돌아올 수 있었지요. 진시황은 그야말로 훌륭한 군주라 할 수 있습니다.

한필기 변호사가 자리에서 벌떡 일어섰다.

한필기 변호사   판사님, 이의 있습니다! 원고 측 변호인은 증인에게 유도 신문하여 원고를 미화하고 있습니다. 아전인수(我田引水)의 극치가 아닐 수 없습니다.

구만리 변호사   아전인수라니요! 대체 누가 할 말인지 모르겠군요. 피고 측 변호인은 『사기』의 오류가 분명히 드러난 이 상황에서 더 이상 이치에 맞지 않는 말을 하지 마십시오. 이미 검토한 바와 같이 진시황이 재위 34년(기원전 213년)에 유가 경전을 불태우고 이듬해에 학자 460여 명을 생매장했다는 분서갱유는 과장된 측면이 있는 것으로 드러났습니다. 이는 피고가 『사기』에서 원고를 폭군으로 몰아간

아전인수
'자기 논에 물 대기'라는 뜻으로, 자신에게 유리하도록 억지 부리는 것을 말합니다.

결정적 근거가 무너졌음을 뜻합니다. 분서갱유는 유가를 탄압하기
위한 것이 아니고, 현실을 비방하는 학자들의 언동을 처벌하고 대외
전쟁을 치르기 위한 통일 제국 정책의 하나였습니다. 『사기』는 진시
황이 갑자기 사망한 기원전 210년에서 1세기가 지난 뒤 한나라의 정
통성을 찬미하기 위해 쓴 역사서로, 당시 사실과는 거리가 있을 수
밖에 없습니다.

한필기 변호사 판사님, 원고 측 변호인의 억지 주장을 무시해 주시
기 바랍니다. 원고가 천하 통일 이후 나라를 강압적으로 다스리면서

증인 조고와 같은 무리를 중용해 진나라가 망했다는 것은 당시의 모든 사람들이 인정하는 바입니다. 증인으로 나온 조고는 결코 진나라를 위한 인재가 아니었습니다. 제가 증인 조고를 반대 신문하여 이를 증명해 보이겠습니다.

판사의 허락을 받은 한필기 변호사가 증인 조고 곁으로 다가가 물었다.

한필기 변호사　증인은 원고 진시황의 첫째 아들인 부소를 기억하고 있겠죠. 부소는 진시황과 이사가 분서갱유를 행할 때, 이 같은 처분이 진나라 백성을 더욱 불안하고 혼란스럽게 만들 것이라고 간언했지요. 그러자 진시황은 자신의 뜻을 거스르는 아들 부소를 못마땅히 여기고 북방의 장성으로 보내 버렸습니다.

조고　네, 맞습니다. 이 일로 부소가 진시황의 노여움을 샀던 것은 사실입니다.

한필기 변호사　그런데 진시황이 천하를 순행하던 중 갑자기 죽게 되자 증인은 승상이던 이사와 계략을 꾸몄습니다. 바로 진시황이 숨을 거두기 전에 부소와 장군 몽염에게 죽음을 명했다고 거짓을 전한 것이지요. 이에 부소는 억울하게도 스스로 목숨을 끊었고 우둔한 막내 아들 호해가 왕위를 이었습니다.

조고　부소가 아무리 진시황의 큰아들이라 하더라도 그는 아버지의 뜻을 거스른 자입니다. 그냥 두고 볼 수는 없는 노릇이지요. 아마 진시황도 지하에서 내가 한 결정이 옳았다고 생각했을 겁니다.

한필기 변호사　　진시황을 위해서였다는 말인가요? 판사님, 지금 증인의 말은 사실이 아닙니다. 당시 증인 조고는 진시황의 막내아들인 호해의 스승이었습니다. 진시황의 큰아들이던 부소와 그가 가까이 지내던 장군 몽염은 증인이 권력을 마음대로 휘두르는 데 눈엣가시 같은 존재였지요. 그래서 자신의 권세를 위해 부소와 장군 몽염을 없애 버린 것이지요.

조고　　피고 측 변호인의 주장은 지나칩니다. 내가 평소 이들과 사이가 좋지 않았던 것은 사실입니다. 그러나 이들의 죽음은 그들 스스로 초래한 것입니다. 당초 진시황은 몽염 장군의 무리를 크게 총애했는데, 비록 장군과 재상일지라도 감히 그들에게 대항하지 못할 정도였습니다. 부소가 보위에 오른다면 몽염 장군 일가가 권력을 제멋대로 휘두를 것은 불 보듯 뻔했지요. 그래서 나는 이사와 힘을 합쳐 이들을 제거하고 호해를 황제로 모신 것입니다.

한필기 변호사　　당시 진나라의 엄한 법 제도 아래서 갖은 토목 공사에 시달리던 백성들은 왕도를 건의한 부소의 죽음을 크게 애도했습니다. 이는 무엇을 뜻할까요? 백성들이 부소를 죽게 만든 증인과 이사를 비판한 것입니다. 그리고 증인의 말이 사실이 아니라는 증거가 있습니다. 진시황은 각지를 돌다 병이 나자 자신이 죽을 것을 알고, 부소에게 서둘러 돌아와 자신의 장례를 치러 달라고 편지를 썼습니다. 이것은 진시황이 죽기 직전에 부소를 용서했음을 뜻하는 것입니다. 그럼에도 증인은 이 편지를 없애 버리고 가짜 조서를 만들어 호해를 태자로 세운 뒤, 부소가 스스로 목숨을 끊도록 일을 꾸몄습니다. 이런 불충한 행위는 오직 간신만이 할 수 있는 것입니다.

조고 간신이란 말은 지나칩니다. 내가 승상 이사를 끌어들인 뒤 가짜 조서를 보낸 것은 사실입니다만, 이는 어디까지나 진나라의 앞날을 위해 그런 것입니다. 진시황이 남겼던 글에는 부소를 태자로 세운다는 말도 없었습니다. 단지 장례를 무사히 치르라는 당부만 있었지요. 죽기 직전까지도 진시황의 마음은 막내아들 호해에게 기울어져 있었다고 봐야 합니다. 그런데 어린 호해를 황제의 자리에 올리기 위해서는 큰아들인 부소와 막강한 권력을 누렸던 몽염 장군 일가를 그대로 내버려 둘 수 없었습니다.

한필기 변호사 증인은 변명의 천재군요! 어진 부소를 죽음으로 몰아넣고 어리석은 호해를 2세 황제로 세운 것은 장차 증인이 권력을 독점할 속셈 때문이 아니었습니까?

조고 아닙니다. 부소는 결코 현명하지도 않았고, 호해 역시 어리석은 인물이 아니었습니다. 호해가 어리석었다면 왜 생전에 진시황이 호해를 후계자로 삼으려 했겠습니까? 호해는 진시황의 뜻을 이어야 한다는 뚜렷한 목표 의식을 가지고 있었습니다. 다만 진나라가 너무 일찍 망하는 바람에 원고 진시황은 물론이고 그 뒤를 이은 2세 황제까지 부정적인 인물로 그려진 것이지요. 피고 사마천은 역사가로서, 항간에 떠도는 얘기를 들었을 때는 그 옳고 그름을 정확히 가린 뒤에 책에 싣는 신중함을 보여야 했습니다. 그러나 그는 떠도는 얘기를 『사기』에 그대로 실어 역사 왜곡의 빌미를 제공한 것입니다.

조고의 증언에 한필기 변호사가 한층 목소리를 높여 말했다.

한필기 변호사　증인은 끝까지 반성할 줄 모르는군요. 과연 사람들이 증인을 '만고의 간신'이라고 비난하는 것이 틀린 말이 아닌 듯합니다. 판사님, 후대 사람들은 증인의 이러한 행동을 두고 '지록위마(指鹿爲馬)'라 부르며 항상 경계로 삼았습니다.

판사　지록위마가 조고와 관련 있는 말인가요?

한필기 변호사　그렇습니다.『사기』에 따르면 조고는 권력을 완전히 장악했으나 대신들이 자신을 따라 주지 않을 것을 우려해 이들을 시험할 생각으로 사슴을 2세 황제에게 바치면서 말이라고 말했습니다. 이에 2세 황제가 이 동물은 사슴이라고 말하자 조고는 주위 신하들에게 물었는데, 신하들은 조고를 두려워하여 사슴을 말이라고 말했습니다. 이때 2세 황제에게 사실 그대로 말한 신하는 억울하게 죄를 뒤집어쓰고 말았습니다. 조고는 2세 황제 호해를 허수아비로 만들고 권세를 마음대로 휘둘렀는데 여기서 지록위마라는 말이 나온 것입니다.

조고　나도 억울합니다. 법가 사상을 신봉한 나는 진시황이 갑자기 사망한 후 혼란이 찾아올 것이라 판단해 나라를 엄격한 법으로 다스릴 것을 건의했습니다. 이로 인해 적잖은 대신과 학자들이 처형되면서 많은 원한을 사게 되었고, 이것이 훗날 나를 나쁘게 평가하는 배경이 되었을 것입니다.

한필기 변호사　제가 이렇게 조고를 증인으로 부른 것은 새삼 조고

　왜 진시황은 만리장성을 쌓았을까?

를 탓하고자 하는 것이 아닙니다. 원고 진시황은 폭군이었을 뿐 아니라 행실이 바르지 못한 신하를 곁에 둔 어리석은 왕에 지나지 않았다는 것을 말하고자 하는 것입니다.

방청석에서 웅성거리는 소리가 들렸다.
"지록위마라는 말에 그런 뜻이 있었구나!"
"그런데 다들 자기 말이 맞다고만 하니, 결과가 더 궁금해지네."
"당사자들의 최후 진술이 남았으니 일단 들어나 보자고요."
웅성거리는 소리가 잦아들지 않자 판사가 정리하고 나섰다.

판사   자, 증인 신문이 진행되는 동안 벌써 시간이 다 되었습니다. 오늘 재판에서는 원고 진시황이 천하를 통일한 뒤 나라를 강압적으로 통치하게 된 배경을 알아보았습니다. 원고가 폭군의 차원을 넘어 어리석은 암군의 행보를 보였는지, 피고가 그저 항간에 나도는 소문을 마치 사실인 양 기록했는지에 관한 양측의 공방이 치열했지요. 이에 대한 평가는 잠시 후 원고와 피고의 최후 진술을 듣고 나서, 나와 배심원 모두 심사숙고해 결론을 내리겠습니다. 잠시 휴정합니다.

땅, 땅, 땅!

진시황의 병마용갱

진시황은 거대한 토목 공사를 벌였는데요, 그중 아방궁은 제국의 수도인 셴양이 지나치게 좁다는 이유로 지은 궁궐입니다. 아방궁은 동서 700미터, 남북 100여 미터로, 약 1만여 명이 동시에 앉을 수 있는 거대한 크기로 조성되었습니다. 그리고 진시황이 죽기 전에 만든 여산릉은 아방궁보다 더 컸습니다. 높이 100미터, 한 변의 길이가 500미터인 묘실 안에 거대한 지하 궁전을 조성해, 문무백관의 자리까지 정해 놓았지요. 지난 1974년에는 능묘에서 동쪽으로 약 1.5킬로미터 떨어진 지점에서 병마용갱(兵馬俑坑)이 발견된 바 있습니다. 병마용갱은 병마용이라는 흙으로 빚은 7,000명에 달하는 군사와 전차 130여 대, 전차용 말 500여 마리로 가득 찬 지하 굴로 총면적이 2만 제곱미터에 달합니다. 황제를 호위하던 군대의 강력한 위용을 과시하지요. 병마용갱 자체가 여산릉의 극히 일부에 지나지 않는다는 점을 감안할 때, 능묘의 규모가 어느 정도였을지 대략 짐작할 수 있습니다. 당시

병마용갱 내부의 병사와 말

여산릉과 아방궁 조성에 70만 명의 죄수가 동원되었다고 하는데요, 짐작해 보건대 그 수가 연간 약 300만 명에 달했을 것으로 추정됩니다. 진나라 인구가 약 2,000만 명이었던 점을 감안할 때, 1가구당 한 명이 부역에 동원된 셈입니다. 이런 거대한 토목 공사에 따른 막대한 공사 비용은 백성에게서 거둔 세금과 강압적인 부역으로 충당되었지요.

진시황의 장례에 사용된 병마용갱

다알지 기자

여러분, 안녕하세요. 법정 뉴스의 다알지 기자입니다. 지금 막 진시황 대 사마천의 마지막 재판이 끝나고, 양측의 최후 진술만을 남겨 놓고 있는데요. 오늘 재판에서는 진시황이 중국 최초로 황제라는 칭호를 쓰며 만리장성을 쌓는 등 강력한 왕권을 행사한 배경에 대해 알아보았습니다. 이사와 조고가 증인으로 나와 당시의 상황을 증언해 주었는데요. 원고가 폭군의 차원을 넘어 암군의 행보를 보였는지, 피고가 항간에 나도는 소문을 마치 사실인 양 기록했는지에 관한 양측의 공방이 치열했지요. 그럼 최후 진술을 앞두고 있는 원고와 피고를 만나 볼까요?

왜 진시황은 만리장성을 쌓았을까?

진시황

　나는 넓은 영토를 효율적으로 통치하기
위해 고심했소. 그리하여 봉건제 대신 황제
가 중앙에서 직접 관리를 파견하는 강력한 군
현제를 실시했던 거요. 그리고 도량형과 문자를 통
일하고, 도로망을 정비해 교통을 발달시켰지. 그런데 피고 사마천은
그의 사기 같은 역사서 『사기』에 나를 폭군이라고 기록해 지금껏 나에
게 모욕감을 안겨 주더군요. 재판에서도 말했지만, 만리장성을 쌓은
것은 다른 민족으로부터 우리 진나라를 지키기 위한 것이었소. 그리고
분서갱유 사건은 당시 정세에서 현실을 비방하는 학자들을 처벌하고,
제국의 학문과 사상을 통일시키려던 것이었을 뿐이오. 결코 유가를 탄
압하기 위한 것이 아니라니까요.

사마천

진시황은 법가 사상을 바탕으로 엄격한 정책을 폈습니다. 그러자 이를 비판하는 학자들이 하나둘 나타났어요. 이를 막기 위해 그는 진나라의 책과 의학, 농업에 관한 책을 제외하고 거의 모든 책들을 불태웠습니다. 그리고 황제인 자신을 비난했다는 이유로 460여 명의 학자들을 생매장해 죽였지요. 또한 천하 통일 후 불로장생을 떠벌리는 방사의 말에 속아 많은 재물을 낭비했어요. 그런 점에서 원고는 폭군일 뿐 아니라 어리석은 임금, 즉 암군이었습니다. 게다가 천하 통일 이후 불과 10여 년밖에 안 되는 단기간에 아방궁과 여산릉이 모두 조성되었는데, 이런 대규모 토목 공사가 일시에 진행되니 백성들이 얼마나 힘들었겠습니까? 진시황이 백성을 위한 정치를 했다면 역사는 진나라를 오래 기억했겠지요. 하지만 진시황은 그러지 않았습니다.

나는 결코 폭군이 아니오!

vs

역사적 사실을 기록했을 뿐입니다

판사　자, 마지막으로 양측의 최후 진술을 들어 보겠습니다. 두 분 모두 깊이 생각한 후에 말씀해 주기 바랍니다. 그럼 먼저 원고 진시황부터 말씀해 주세요.

진시황　결론부터 말하겠소. 나는 결코 폭군이 아니오. 중국과 같이 방대한 지역과 많은 백성을 보유한 나라를 통치하려면 중앙 집권적인 제국 체제를 유지하는 것이 필요하오. 그것이 바로 제왕정인데, 역사상 이를 최초로 완성시킨 사람이 바로 나요. 시초를 뜻하는 '시(始)'자가 들어간 '시황'이라는 호칭은 이런 자부심의 표현이기도 했소.

　천하를 통일한 후, 나는 우선 민간의 무기 소유를 금하여 반란의 가능성을 미리 제거했소. 이어 문자, 도량형, 화폐를 통일하고, 전국 각지로 뻗은 도로망을 정비해 천하를 하나로 묶었소. 이 와중에 분서갱유를 단행한 것 역시 분열을 조장하는 학문을 억제하여 제국의 기강을 바로잡으려 했던 어려운 결단이었다오.

만리상성을 세운 것도 이런 관점에서 이해해 주기 바라오. 당시 북방의 흉노는 최강의 군사를 가졌기 때문에 흉노의 침공을 방지하고 제국의 안정을 유지하기 위해서는 만리장성을 쌓을 수밖에 없었소. 그런 강압적인 조치가 없었다면 제국의 건설은 불가능한 일이었다오.

진나라는 내가 갑자기 세상을 떠나는 바람에 불과 15년 만에 무너

왜 진시황은 만리장성을 쌓았을까?

지고 말았소. 이는 제국의 운영 과정에서 내가 차지했던 비중이 워낙 컸기 때문이오. 애써 세웠던 제국이 무너진 것은 지극히 애석한 일이 아닐 수 없소. 하지만 내가 사상 최초로 제왕정의 기틀을 마련해 후세에 전해 준 것만큼은 자부심을 느낄 만하다고 생각하오.

제왕정을 제대로 파악하려면 사상 최초의 제국인 진나라에 대한 바른 이해가 필요하고, 이는 나를 올바르게 파악하는 데서 출발해야 하오. 이것이 내가 이번 소송을 제기한 이유요. 판사님과 배심원 여러분의 현명한 판단을 기대하오. 고맙소.

판사　잘 들었습니다. 다음으로 피고의 진술을 들어 보지요.

사마천　나는 생전에 왕도가 행해지는 새로운 세상이 올 것을 간절히 바랐습니다. 내가 치욕스런 형벌을 받았음에도 불구하고 아버지의 뜻을 이어받아 끝내 『사기』를 완성시킨 것도 이 때문이었고요. 물론 나는 원고가 활약했던 시기로부터 100년 뒤에 활동한 까닭에 진나라와 원고를 평가하는 데 어느 정도 한계가 있었다는 점은 인정합니다. 그러나 이 점 하나만큼은 분명히 말씀드릴 수 있습니다. 내가 역사의 현장을 발로 뛰어 확인하고, 전해 오는 각종 사료와 문헌을 읽으면서 역사적 사실에 가장 가까운 것만을 고르고자 노력했다는 점 말입니다. 결코 원고 측이 주장하는 것처럼 왕도의 잣대만으로 자료를 선택한 적은 없습니다. 진나라와 진시황의 업적을 다르게 평가할 수 있다는 점은 인정하나, 결코 내가 고의적으로 원고를 폭군으로 매도한 것은 아닙니다.

『맹자』의 마지막 편인 「진심 하」 편의 마지막 구절을 보면 맹자의 이런 탄식이 나옵니다.

"공자가 세상을 떠난 지 100여 년이 지났다. 성인의 시대로부터 그리 멀리 떨어진 시간이 아니다. 그런데도 성인의 도를 이을 사람이 보이지 않는다. 끝내 그렇게 할 사람이 없단 말인가."

이 구절을 읽으며 나는 가슴을 쳤습니다. 아무리 훌륭한 목적이 있다 할지라도 원고가 행한 바와 같은 강압적인 방법으로는 결코 바람직한 통치를 이룰 수 없습니다. 비록 현실적으로 왕도를 행하는 것이 어려울지라도 이를 실현하려는 노력을 포기해서는 안 되지요. 존경하는 재판장과 배심원 여러분! 거듭 말씀드리지만 나는 결코 원고 측이 주장하는 것처럼 역사를 왜곡하여 기록한 사람이 아닙니다. 왕도의 세상이 올 것을 고대하는 백성의 염원을 담아 천신만고 끝에 『사기』를 저술한 나의 심경을 이해해 주기 바랍니다. 감사합니다.

판사　피고 측의 최후 진술, 잘 들었습니다. 자, 3차 재판까지 오는 동안 원고 측과 피고 측, 그리고 배심원 여러분 모두 수고가 많았습니다. 지금 이 법정에는 보이지 않는 배심원들이 있습니다. 이 재판을 지켜보는 모든 분들, 그리고 이 재판을 책으로 읽는 독자 여러분이 모두 배심원입니다. 배심원의 평결서는 4주 후에 나에게 전달될 것입니다. 그럼 4주 후에 최종 판결을 내리도록 하지요. 이상으로 재판을 마칩니다.

땅, 땅, 땅!

진시황이 묻어 놓은 병마용은
어떤 것이 있을까?

 병사(兵士)와 군마(軍馬)를 아울러 '병마용'이라고 하는데, 중국 산시 성의 진시황릉에서 멀지 않은 곳에서 수많은 병마용을 만날 수 있습니다. 진시황이 만들어 놓은 병마용갱이 있기 때문입니다. 이곳에는 순장할 때에 사람 대신 무덤 속에 함께 묻던, 흙으로 만든 허수아비인 도용(사람 모습)과 도마용(말 모습)이 있습니다. 1974년 중국의 한 농부가 우물을 파다가 우연히 발견했고, 지금도 발굴이 계속되고 있는 병마용은 현재까지 700개가 넘는 실물 크기의 도용과 100개가 넘는 전차, 10만여 개의 병기가 발굴되었지요.

병마용 중 '활 쏘는 무사'

진시황 때에는 칼과 활, 창과 같은 무기를 사용했는데, 사진 속 유물은 2호갱에서 출토된 활 쏘는 무사의 모습을 한 도용입니다. 한쪽 무릎을 꿇은 자세로 앉아 있고, 활 쏘는 데 방해가 되지 않도록 상투를 반대편으로 튼 것이 특징이지요.

병마용 중 '장군상'

병마용갱 안의 수많은 병사들은
신기하게도 얼굴과 옷이 다 다릅
니다. 옷과 모자 등으로 신분과
직무를 다르게 표현하였지요. 사
진 속 유물은 2호갱에서 출토된
장군의 모습을 한 장군상입니다.
병사들 가운데 가장 높은 계급이
었을 것으로 추측되지요.

병마용 중 '곡예사'

갑옷을 입고 경직된 자세로 서 있는 병사
들과 달리 도용들 중에는 곡예사 도용도
있습니다. 죽어서의 세계가 살아서의 세
계와 같을 거라고 생각한 진시황은 자신
을 위한 병마용을 만들면서 재미를 줄 수
있는 곡예사도 만들었던 것이지요.

병마용 중 '마차'

진시황은 살았을 당시 자신이 다스리는 진나라
를 실제로 보고자 다섯 번의 순행을 나갔습니다.
이때 이용된 것이 바로 사진 속 유물과 같은 마
차였지요. 대부분 여러 마리의 말이 끄는 형태로
되어 있습니다.

출처: 진시황병마용박물관(www.bmy.com.cn)

역사공화국 세계사법정 재판 번호 10 진시황 VS 사마천

주문

역사공화국 세계사법정은 진시황이 사마천을 상대로 제기한 '폭군 왜곡 확인의 소'에 관한 청구를 기각한다.

판결 이유

동양에서 수천 년 동안 유지된 제왕정의 기본 골격을 피고가 처음으로 만든 사실은 인정된다. 신분이 세습되는 봉건제를 무너뜨리고, 학문과 덕이 뛰어난 능력 있는 자들이 통치 권력의 핵심에 진입할 수 있도록 한 것은 제왕정의 커다란 미덕이라고 할 수 있다. 그러나 진나라는 불과 15년 만에 무너지고 말았다. 이는 진나라의 통일이 완전한 통일이 아니었음을 뜻하는 것으로 보인다. 문제는 원고가 제왕정의 기틀을 마련하는 배경이 된 최초의 천하 통일 업적을 어떻게 평가할 것인가 하는 것이다. 전국 시대 말기의 혼란한 시대 상황에서 원고가 한비자의 법치 사상을 받아들여 강력한 무력을 배경으로 천하를 통일한 것은 시대적 상황을 고려해 평가할 필요가 있다고 판단된다.

원고는 천하 통일 직후 아직 제국의 기틀이 확고히 다져지지 않은 만큼 패도에 기반한 통치가 불가피했다고 밝혔다. 반면, 피고는 그런 자세는 오히려 제국의 기반마저 무너뜨릴 수 있었다며 원고를 폭군으로 규정했다. 피고 사마천에 앞서 가의가『과진론』에서 진시황을 폭군으로 비판한 점에 비춰 봐도 피고의 이런 견해가 당시에 설득력을 얻었음을 짐작할 수 있다. 따라서 피고가 원고의 업적을 일방적으로 깎아내렸다는 원고 측의 주장은 받아들이기 어렵다.

하지만 재판에서 나온 증거들과 증언, 변론을 종합해 볼 때 피고가『사기』를 저술하면서 일부 대목에서는 역사적 사실과 동떨어진 소문을 토대로 원고를 평가한 사실이 인정된다. 그럼에도 후대에 나온 다른 역사서와『사기』를 비교할 때 피고가 황제의 위세에 굴하지 않고 객관적으로 역사를 기술하기 위해 노력한 점은 충분히 인정된다.

역사는 시대의 변화에 따라 다양한 해석이 나올 수밖에 없다. '성군'과 '폭군'에 대한 평가는 시대에 따라 다를 수밖에 없는데, 피고의 원고에 대한 평가는 당시의 시대정신을 반영한 것으로 보아야 할 것이다.

역사공화국 세계사법정 담당 판사 명판결

"사마천에 형벌을 내린
한 무제시라고요?"

　　힘겨운 재판을 마치고 낡은 사무실 소파에 앉아 있는 구만리 변호사. 밤낮으로 변론을 준비해 온 구만리 변호사는 재판이 끝나고 녹초가 된 몸을 소파에 기댄 채 멍하니 캄캄한 창밖을 바라보고 있었다.

　　'띠리리리 띠리리리.'

　　그때 갑자기 전화벨이 울렸다. 구만리 변호사는 깜짝 놀라 자리에서 벌떡 일어났다.

　　'아이쿠, 깜짝이야. 이 늦은 시간에 누구지?'

　　구만리 변호사는 속으로 생각하며 수화기를 들었다.

　　"여보세요? 구만리 변호사 사무실입니다."

　　"구 변호사, 사마천을 상대로 재판을 벌였더군. 내 잘 보았소이다. 구만리 변호사에게 한 가지 부탁할 일이 있어서 전화했습니다."

수화기 너머에서 저음의 남자 목소리가 들렸다.

"그런데 누구신지요?"

"나는 한 무제라고 하오."

한 무제라면 피고 사마천에게 형벌을 내린 그 장본인이 아닌가.

"한 무제요? 한 무제라……, 사마천을 형벌에 처한 분 말입니까?"

구만리 변호사가 재차 물었다.

"맞소이다."

구만리 변호사는 자신도 모르게 신음 소리를 냈다. 『사기』를 읽은 까닭에 한 무제가 대략 어떤 인물인지 알고 있었다.

"아, 반갑습니다. 그런데 제게 부탁할 일이 있으시다고요? 그럼 언제 제 사무실에 한번 들르시지요. 저도 한 무제 님께 궁금한 점이 많았거든요."

"허허, 그러오? 그럼 오늘은 밤이 깊었고 전화로 말하기엔 사연이 기니, 내일 오전에 사무실로 찾아가지요."

다음 날, 한 무제가 구만리 변호사 사무실로 찾아왔다. 건장한 체구에 날카로운 눈매, 카리스마 넘치는 모습이었다. 구만리 변호사는 쭈뼛쭈뼛 그에게 자리를 권했다.

"머, 먼 길 오시느라고 수고가 많으셨습니다. 여기, 자리에 앉으시지요. 아, 차라도 한잔 대접해야 하는데……."

"아니오, 괜찮소. 내 시간이 얼마 없어서 오래는 못 있고……, 그런데 나한테 궁금한 일이란 게 뭐요?"

한 무제의 말에 구만리 변호사는 눈을 반짝이며 평소 궁금했던 것을 곧바로 물었다.

"음, 먼저 한 무제 님은 16세에 황제의 자리에 올라 유학을 나라의 유일한 학문으로 삼는 '독존유술'을 선포한 것으로 유명합니다. 당시 왜 독존유술을 선포했나요?"

"결론부터 말하면, 황제의 권력을 강화해 제국의 기틀을 확고히 다지기 위한 것이었소. 한 제국은 초기에 도가 사상에 입각한 무위지치(無爲之治), 그러니까 인위적이지 않은 자연스러운 정치를 펼쳤지요. 이는 진나라가 법가의 가혹한 통치로 인해 이내 패망하고 말았다는 것을 거울로 삼은 것이오. 그러나 점차 무위지치만으로는 거대한 제국을 운영하기 어렵다는 인식이 퍼지기 시작했소. 이때 마침 유가도 예전과는 다르게 유생들에게 제국에 대한 충성을 권하는 쪽으로 방향을 전환했다오. 내가 독존유술을 선포한 배경이 여기에 있소. 당시 나는 제국의 기틀을 다지고 왕권을 강화하는 데 유가 사상을 표면에 내세우는 것이 가장 유리하다고 판단했소이다."

"그래서 겉으로 왕도를 내세우면서 내부적으로 패도를 적절히 구사하는 '왕패병용'의 입장을 취한 것입니까?"

"그렇소. 내가 유학만을 나라의 유일한 학문으로 삼는다고 선포했으면서도 법가 출신의 관원들을 두루 중용했던 것은 바로 그 때문이오. 한 제국의 유가 사상가들은 왕도와 패도는 이름만 다를 뿐, 사실상 같은 것이라는 이론인 '왕패동시론(王霸同視論)'을 만들어 이를 뒷받침했지요."

구만리 변호사는 지난 재판에서의 자신의 변론을 뒷받침해 주는

한 무제의 말을 들으니 신이 났다.

"잘 알겠습니다. 그런데 사마천을 궁형에 처한 이유는 무엇입니까? 그가 황제의 권력에 도전한 것으로 판단해 그런 것이지요?"

"맞소. 당시 사마천이 흉노에게 항복한 장수를 옹호한 것은 조정의 기강을 문란하게 만들 가능성이 컸지요. 사마천에게는 다소 가혹한 일이었으나, 제국의 안정을 위해서는 어쩔 수 없는 일이었소."

한 무제가 의자를 바짝 끌어당기며 말했다.

"사실 내가 찾아온 이유는 역사공화국에 구만리 변호사처럼 중국 역사에 해박한 사람이 없다는 소문을 들었기 때문이오. 나는 사마천으로부터 진시황처럼 폭군이라는 소리까진 듣지 않았지만, 전쟁을 자주 일으켜 제국의 힘을 낭비했다는 둥, 방사의 말을 듣고 신선이 되려고 했다는 둥, 어리석은 군주의 행보를 보였다고 지적받았어요. 이런 평가는 지금도 그대로 이어지고 있소. 그 때문에 구만리 변호사에게 소송을 맡기고 싶어 찾아왔다오."

구만리 변호사는 새로운 소송을 맡게 되었다는 기쁨보다는 또다시 어려운 소송을 맡아야 한다는 생각에 머리가 아찔했다.

"우리가 살펴볼 역사 속 이야기가 이리도 많구나."

왜 진시황은 만리장성을 쌓았을까?

춘추 전국 시대의 막을 내린 진시황

거대한 중국 대륙을 하나로 통일한 진시황. 강력한 힘을 가졌던 황제답게 많은 일을 했고 그의 영향력은 지금에까지 미치고 있습니다. 달에서도 보인다는 거대한 건축물인 만리장성과 무덤이라고 보기에는 너무나 웅장한 진시황릉에 이르기까지 그의 힘은 후세에까지 전해지고 있습니다.

13세의 어린 나이에 진나라의 왕으로 즉위한 진시황은, 자란 뒤에 대단한 추진력으로 주위의 나라를 멸망시키고 중국을 최초로 통일한 뒤 스스로 황제라 칭하지요. 당시 중국에는 북쪽의 흉노족 등 북방 민

만리장성

진시황릉

족이 자주 쳐들어왔기 때문에, 진시황은 이들을 막기 위해 긴 성벽을 쌓도록 하였습니다. 원래 전국 시대에 처음 만들기 시작한 것을 진시황이 완성한 것이지요.

'인류 최대의 토목 공사'라고 불릴 정도로 거대한 건축물인 만리장성은 지도 상 길이만도 2,700킬로미터이며, 중간에 갈라져 나온 가지들까지 합치면 총길이가 약 5,000~6,000킬로미터에 이릅니다. 중국의 랴오닝, 지린, 베이징 등 여러 지역에 걸쳐 있으며, 현재 유네스코 세계유산으로 지정되어 있습니다.

불멸의 삶을 꿈꾸었던 진시황은 살아서는 끊임없이 불로초를 찾기를 갈망했습니다. 불로초는 먹으면 죽지 않는다고 전해지는 풀이었기 때문이지요. 그리고 죽어서도 자신의 힘을 과시하고 싶어했습니다. 그래서 자신의 무덤도 크게 만들도록 지시하였지요. 중국의 산시 성에 가면 여산 남쪽 기슭에 진시황의 묘가 있습니다. 동서 485미터, 남북

병마용갱

515미터, 높이 약 76미터에 달하는 구릉형 묘로, 진시황이 즉위한 뒤 착공하였고, 공사에 죄수 70여만 명이 동원되었다고 전해집니다. 완공까지 39년이 걸렸다고 하지요.

묘의 내부에는 수은으로 강과 바다를 만드는 등 천상과 지상을 모방한 지하 궁전을 만들고, 도굴하려는 사람이 접근하면 자동으로 화살이 나오는 시설까지 갖추었다고 합니다. 무덤이라기보다는 하나의 야산으로 보일 정도로 규모가 엄청난데, 내부는 아직 발굴되지 않은 상태입니다.

진시황릉에서 2킬로미터 떨어진 '병마용갱'의 규모가 어마어마한 것처럼 야산의 형태를 띠고 있는 진시황릉 역시 대단할 것으로 미루어 짐작할 수 있습니다.

『역사공화국 세계사법정 10 왜 진시황은 만리장성을 쌓았을까?』와
관련한 논술 문제를 풀어 봅시다.

※ 다음 제시문을 읽고 물음에 답하시오.

(가) 왕은 백성을 어진 마음으로 다스리고, 신하는 왕을 충성을 다해
섬기고, 백성은 자기 맡은 일을 열심히 해야 합니다. 또 사람과
사람이 서로 도리를 다해 '예'를 갖추어 대해야 합니다.

(나) 진정한 '도'라는 것은 '아무것도 하지 않음'에 있습니다. 한마디
로 자연 그대로가 가장 좋다는 뜻이지요. 이처럼 자연 그대로
인 무위 자연을 본받아 살아간다면 세상은 지금보다 훨씬 더
평화로워질 것입니다.

(다) 혼란스러운 세상을 바로잡으려면 무엇보다 강력한 '질서'가 필
요합니다. 엄격한 법과 질서를 통해 혼란스러운 세상을 바로잡
고 부강한 나라를 만들 수 있는 것이지요.

(라) 세상을 평화롭게 만드는 것은 '사랑'입니다. 누구에게나 차별
없는 사랑을 갖는 것이 무엇보다 중요하지요. 이것을 '겸애'라
고 부르는데, 강한 자가 약한 자를 보호하는 것이 바로 겸애의
실천입니다.

1. (가)는 공자의 유가 사상이고, (나)는 노자의 도가 사상, (다)는 한비자의 법가 사상, (라)는 묵자의 묵가 사상입니다. 진시황은 이 중 한비자의 법가 사상으로 나라를 통치하였지요. 진시황이 통일을 하던 당시 여러 사상가들의 의견을 보고, 내가 만약 왕이라면 어떤 사상을 선택하여 나라를 다스릴지 골라 그 이유와 함께 쓰시오.

※ 다음 제시문을 읽고 물음에 답하시오.

진시황은 한비자가 주장한 법가 사상을 바탕으로 나라를 다스렸으며, 주나라의 봉건 제도를 폐지하고 군현제를 실시하였습니다. 군현제는 전국을 36개의 군으로 나누어 나라의 관리가 직접 다스리는 방식이었지요. 또한 전국 시대를 거쳐 오며 각기 달랐던 화폐의 단위, 문자, 도량형을 통일하는 일도 하였습니다. 그리고 흉노족을 막기 위해 100만 명을 동원해 10여 년간 만리장성을 쌓았습니다. 또한 진시황은 역사, 농업, 천문학, 의학 서적을 제외한 나머지 책들을 모조리 불에 태우고 많은 유학자들을 생매장시키는 분서갱유를 일으키게 됩니다.

2. 위의 내용은 진나라 시황제의 업적에 대한 것입니다. 진나라가 멸망한 이유가 무엇인지 생각해서 쓰시오.

왜 진시황은 만리장성을 쌓았을까?

해답 1 (가)는 예를 중요시하고, (나)는 무위 자연을, (다)는 법과 질서를, (라)는 겸애를 중요시합니다. 왕이 되어 이 중 하나의 사상만을 선택하여 나라를 통치해야 한다면 묵자의 묵가 사상인 (라)를 선택하겠습니다. 사람과 사람이 살아가는 데 예의도 중요하고 자연 그대로도 중요하고 법도 중요하지만, 그것보다 앞선 것이 바로 '사랑'이라고 생각하기 때문입니다. 서로가 서로를 존중하는 사랑의 마음, 아끼는 사랑의 마음이 있다면 나라는 행복하고 평화로울 수 있을 것입니다.

해답 2 진나라는 강한 정책을 펼쳤지만 오래가지 못했습니다. 진시황이 사망한 뒤 그의 아들이 황제의 자리에 올랐지만 신하들은 황제를 이용해 권력을 휘두르려 했고 결국 나라는 멸망하고 말지요. 이렇게 진나라가 급격하게 몰락한 것은 진시황이 생전에 이룬 일들과도 크게 연관이 있습니다. 진시황은 여러 나라를 멸망시키고 중국 최초로 통일 국가를 이룩하였지만, 계속 힘으로 나라를 다스리려고만 하였습니다. 하지만 이렇게 힘으로만 누르다 보면 반발이 생기게 마련이지요.

* 해답은 예시로 제시된 내용입니다.

역사공화국 세계사법정 10

왜 진시황은 만리장성을 쌓았을까?

© 신동준, 2010

초판   1쇄 발행일 2010년 9월 30일
개정판 1쇄 발행일 2012년 12월 20일
개정판 6쇄 발행일 2022년 2월 14일

지은이   신동준
그린이   황기홍
펴낸이   정은영

펴낸곳   (주)자음과모음
출판등록   2001년 11월 28일 제2001-000259호
주소   10881 경기도 파주시 회동길 325-20
전화   편집부 (02) 324-2347 경영지원부 (02) 325-6047
팩스   편집부 (02) 324-2348 경영지원부 (02) 2648-1311
이메일   jamoteen@jamobook.com

ISBN 978-89-544-2410-3 (44900)

철학자가 들려주는 철학 이야기 (전 100권)

서정욱 외 지음 | (주)자음과모음

아이들의 눈높이에 맞춘 철학 동화!
책 읽는 재미와 철학 공부를 자연스럽게 연결한 놀라운 구성!

대부분의 독자들이 어렵게 느끼는 철학을 동화 형식을 이용해 읽기 쉽게 접근한 책이다. 우리의 삶과 세상, 인간관계에 대해 어려서부터 진지하게 느끼고 고민할 수 있도록, 해당 철학 사조와 철학자들의 사상을 최대한 풀어 썼다.

이 시리즈의 가장 큰 장점은 내용과 형식의 조화로, 아이들이 흔히 겪을 수 있는 일상사를 철학 이론으로 해석하고 재미있는 이야기로 담은 것이다. 또한 아이들의 눈높이에 맞는 쉽고 명쾌한 해설인 '철학 돋보기'를 덧붙였으며, 각 권마다 줄거리나 철학자의 사상을 상징적으로 표현한 삽화로 읽는 재미를 더한다. 철학 동화를 이끌어가는 주인공을 형상화하고 내용의 포인트를 상징적으로 표현한 삽화는 아이들의 눈을 즐겁게 만들어준다. 무엇보다 이 시리즈는 철학이 우리 생활 한가운데 들어와 있고, 일상이 곧 철학이라는 사실을 잘 보여준다. 무엇보다 자기 자신을 극복한다는 것, 인간을 사랑한다는 것, 진정한 인간이 된다는 것, 현실과 자기 자신을 긍정한다는 것 등의 의미를 아이들의 시선에서 풀어내고 있다.

과학공화국 법정시리즈 (전 50권)

정완상 외 지음 | (주)자음과모음

생활 속에서 배우는 기상천외한 수학·과학 교과서! 수학과 과학을 법정에 세워 '원리'를 밝혀낸다!

이 책은 과학공화국에서 일어나는 사건들과 사건을 다루는 법정 공판을 통해 청소년들에게 과학의 재미에 흠뻑 빠져들게 할 수 있는 기회를 제공한다. 우리 생활 속에서 일어날 만한 우스꽝스럽고도 호기심을 자극하는 사건들을 통하여 청소년들이 자연스럽게 과학의 원리를 깨달으면서 동시에 학습에 대한 흥미를 가질 수 있도록 구성하였다.